40476

En el dolor y el sufrimiento se encuentra el camino
para la transformación a una vida llena de sabiduría;
una vida donde los fracasos y los momentos difíciles
se pueden utilizar para encontrar un nuevo Yo.

GUSTAVO ABELLO

❧ CONTENIDO ❦

CAPÍTULO 7: Fortaleciendo los beneficios del perdón   107

CAPÍTULO 8: La mente y la espiritualidad   117

Derechos de autor © 2010 por Gustavo Abello
Publicado por Editorial Gráficas del Caribe
ISBN 978-958-44-7512-1

Supervisión de la Editorial: Javier García

El autor de este libro no otorga consejos médicos ni prescribe el uso de las técnicas descritas en su contenido, como tratamiento sicológico, médico o físico. El autor recomienda a las personas bajo tratamiento sicológico que leen el libro, consultar con sus médicos al respecto de la utilización de estas técnicas.

Si usted se encuentra bajo un tratamiento para superar sus adicciones, el autor le recomienda consultar con el líder de su programa de recuperación acerca de las herramientas enseñadas en este libro.

El autor aclara que en ningún momento el libro pretende cambiar o modificar las creencias religiosas de los lectores. El autor recomienda que usted mantenga su religión y que incorpore las enseñanzas de este libro que se adapten a su religión.

La intención del autor es ofrecerle una metodología para que el lector recorra un camino hacia encontrar por sus propios medios las razones de sus sufrimientos y las herramientas para superarlos. En este camino el autor confía que usted encontrará bienestar emocional y espiritual.

Si usted utiliza cualquiera de las herramientas contenidas en este libro para su uso personal, a lo cual usted tiene pleno derecho, el autor y la casa editorial no asumen ninguna responsabilidad por sus acciones.

❧ **Dedicatoria** ❧

Este libro está especialmente dedicado a mi hermana Marcela, quién ha sido mi ángel guardián.

Y especialmente dedicado a mis dos hijos Gustavo y Luis, por quiénes no tengo forma de expresar con palabras el amor que siento por ellos.

Dedicado con mucho cariño a Michelle Pabón.

Dedicado adicionalmente a las siguientes personas:

Al Doctor Daniel Fernández, quién inspiró con sus conocimientos profesionales y su sabiduría espiritual, varios de los principios descritos en Yo Positivo.

Al Padre Laureano Cabezas (QEPD); el amigo quién me abrió los ojos.

A Choy Wong por compartir su sabiduría y su cariño en tantos momentos especiales.

A las organizaciones de Alcohólicos Anónimos, Adictos al Sexo y al Amor Anónimos, Neuróticos Anónimos, Adictos a las Drogas Anónimos y Adictos al Juego Anónimos, por compartir toda su sabiduría con los mas necesitados emocionalmente.

A mis padres Gustavo Abello Lobo (QEPD) y Rosa Gómez; a mis tíos que han sido como mis padres; mi tía Magaly, mi tía Mimi y mi tío Humberto (QEPD); a mi abuela Emiliana (QEPD), mi abuelo Alejandro (QEPD) y mi abuela Petra (QEPD).

A mis dos hermanos Oscar Eduardo y Miguel Angel.

En Homenaje a la memoria de Oscar Abello Lobo (QEPD). Tío Oscar, se que allá en el cielo podrás leer este libro con mas calma; lo escribí con el recuerdo de tu amor por nosotros. Espero lo disfrutes; te extraño mucho.

Agradecimientos

Gracias a todas las personas que colaboraron en la escritura, corrección y edición de este libro. Estas personas son: Mónica Linares, Jasmín Fernández, Sandra Orejuela, María Teresa Jaramillo, Javier García Gómez, Mónica Madriñan, Luis Abello, Elisa Jimeno, Claribel Heras, Sandra Riaños, Maria Claudia Melo y Norma Jimeno.

Gracias a mi Tía Mimi y a mis primos que son como mis hermanos, Otto Miguel, Lázaro, Javier y Antonio, por su apoyo invaluable en la edición e impresión de este libro.

✌ **Mensaje del autor** ✌

He escrito este libro y el seminario vivencial que lo acompaña, para brindarle a las personas que están pasando por dificultades emocionales una oportunidad de salir del momento difícil en el que se encuentran y encontrar una nueva oportunidad para vivir.

Las herramientas que son explicadas en este libro fueron aprendidas y utilizadas en miles de personas antes de llegar a usted.

En la medida que vaya avanzando en la lectura, propónganse ponerlas en práctica. He hecho un esfuerzo para ser conciso y simple en las explicaciones y las enseñanzas del libro, sabiendo que ya la mayoría de las personas no tienen tiempo para la lectura.

Desde el año 1995 he dictado seminarios de crecimiento personal; he conocido de primera mano las transformaciones de miles de seres humanos que querían alcanzar su paz. También he conocido cientos de personas que pasaron momentos de verdadera angustia y desesperanza, y que lograron rehacer sus vidas y disfrutar su existencia. En su gran mayoría todos tenían algo en común y era que habían sufrido mucho y no querían seguirlo haciendo.

Escribí este libro y el seminario vivencial que lo acompaña, para todos aquellos que se sienten solos, sin esperanza, angustiados y que necesitan una voz de aliento y una mano amiga.

Un día en el pasado, yo fui uno de ellos.

❧ **Introducción** ❦

Si usted pensaba encontrar en este libro información sobre como mantener una actitud positiva todo los días de su vida, lamento desilusionarlo está leyendo el libro equivocado.

En el mundo de la teoría es fácil decirle a los demás que siendo positivo todos los días, usted logrará todo lo que se proponga. Esa afirmación es cierta, pero la mayoría de las personas no puede mantener una actitud positiva permanente. Más aun, la mayoría de las personas mantienen una alta dosis de pensamientos negativos cada día que no pueden controlar.

Muchos libros plenos de sabiduría pregonan que todo lo que usted piensa sostenidamente se hace realidad. Eso es cierto, pero son muy escasas las personas que pueden sostener su pensamiento positivo dirigido hacia las cosas que más desean. La simple posibilidad de que esos sueños se hagan realidad, despierta miedo en sus interiores y por tanto desvían el pensamiento positivo sostenido.

Una alta proporción de seres humanos tienen pensamientos positivos y negativos cada día de sus vidas.

Si usted desea mejorar ostensiblemente su capacidad de disfrutar la vida y es una de las personas que hacen parte de las mayorías, donde hay días positivos y otros negativos; donde a veces estamos animados y otros días tristes; donde a veces amamos y otras odiamos; donde a veces reímos y otras lloramos; entonces usted esta leyendo el libro correcto.

Yo Positivo esta escrito para las personas que quieran adquirir la sabiduría para superar los momentos difíciles de su vida. Este libro le ayudará a transformar los momentos negativos en lecciones positivas que le ayudaran a disfrutar su vida con nuevos ojos.

En el transcurso de esta lectura, usted tendrá la oportunidad de leer historias que ayudan a reforzar los puntos expuestos en este libro. Estas son historias reales pero los nombres y algunas circunstancias han sido cambiados para proteger la privacidad de estas personas.

En este libro no se juzga el carácter ni la moral de nadie. No se habla de buenos ni malos. Reconocemos que hay personas que han hecho daño a otras, producto de sus dolores y sus creencias; y sabemos que esas personas tienen la responsabilidad consigo mismos de encontrar las causas de sus comportamientos, reconocer y reparar sus errores, y madurar lo necesario para nunca mas volverlos a cometer.

Este libro es un mensaje de ánimo para todos aquellos que se han equivocado.

Para ustedes los que se han equivocado les digo que hay forma de reparar el daño causado y salir adelante. La vida siempre te da una segunda oportunidad, solo tienes que buscarla honestamente.

El ritmo de las enseñanzas impartidas en el libro

Los capítulos 1 al 4 contienen la información que establece las bases científicas y espirituales sobre las cuáles se fundamentan las enseñanzas impartidas en el libro.

Los capítulos 5 al 7 son dedicados a explicar los ejercicios necesarios para limpiar nuestro interior y prepararnos para iniciar un cambio significativo en su vida.

Los capítulos 8 al 10 se enfocan en explicar los principios para construir una nueva expresión de sí mismo. En esos capítulos se asume que usted ha completado los ejercicios sugeridos en los capítulos 5 al 7, y que se encuentran en paz interior.

Nota para las personas que están bajo tratamiento psiquiátrico

Si usted se encuentra bajo tratamiento psiquiátrico, es importante que comparta las tareas y conocimientos de este libro con su médico.

Muchas de las herramientas explicadas en este libro son profundas e intensas. Si usted está tomando medicamentos para su mente, las herramientas explicadas en este libro podrían no ser adecuadas para usted.

Es importante que su médico tenga claridad en los ejercicios que usted está realizando y los apruebe. Para realizar el seminario vivencial Yo Positivo, las personas que estén bajo tratamiento psiquiátrico deben asistir con una autorización expresa de su médico.

Nota para las personas que están en medio de una adicción a las drogas

Si usted se encuentra sujeto a una adicción a las drogas, es importante que realice los ejercicios explicados en este libro cuando se encuentre fuera del efecto de las drogas.

Algunas de las herramientas explicadas en este libro tienen una gran profundidad y al estar usted bajo el efecto de las drogas, podrían causarle efectos no deseados.

El simple hecho de estar alucinando por el efecto de las drogas o el alcohol, trastornaría negativamente los resultados que estas herramientas podrían brindarle. Solamente estando libre de la influencia de las drogas, usted podrá aprovechar al máximo los conocimientos de este libro.

Nota para las personas que se sienten bien y llevan una vida emocional normal

Las enseñanzas contenidas en este libro, han sido probadas con éxito en personas que se encontraban en crisis emocionales. Sin embargo muchas personas que pusieron en práctica estos principios y que llevaban una vida emocional normal, han dado testimonio de grandes transformaciones personales para bien.

La sabiduría detrás de todos estos principios, aplica para cualquier persona. Si usted se encuentra en una fase positiva de su vida, es muy posible que saque mayor provecho del libro de lo que lo haría otra persona que no se encuentre en su misma situación.

Nota en relación a su religión

Yo Positivo ha sido escrito respetando su religión y sus creencias en relación a Dios. Es mi mejor deseo que cuando usted termine de leer este libro, se encuentre en mejor disposición de sacar mayor provecho de sus actuales creencias religiosas.

La misma religión que usted tiene al inicio de la lectura de este libro, será la que tendrá al final.

Soy un creyente del derecho natural y sagrado que tiene cada persona a elegir su forma de llegar a Dios. En este libro y en el seminario Yo Positivo, respetamos ese derecho de principio a fin.

Durante la lectura utilizaremos el término Dios para referirnos al ser superior que todas las religiones alaban. Es mi deseo que independiente de sus creencias religiosas, usted pueda aprovechar los principios enunciados en este libro.

Si en algún momento los apartes del libro en los cuáles nos referimos a Dios son diferentes a los de su religión, le recomiendo mantener sus creencias actuales y sencillamente ignorar esos puntos del libro.

Si usted no tiene religión pero cree en Dios, encontrará en este libro una descripción universal de ese ser superior que todos llamamos Dios. Está a su discreción adoptar los enunciados de la comunicación con Dios y la descripción de su esencia.

Es un objetivo de este libro que usted mantenga una espiritualidad sana, equilibrada y balanceada en su vida. La creencia en Dios desde un punto de visto práctico y espiritual, representa el punto de partida para disfrutar la presencia de Dios sin dejarnos llevar por un exceso que podría convertirse en un escape para no conducir nuestra vida con responsabilidad.

Sugerencia para leer el libro y aprovecharlo de la mejor forma

Este no es un libro de referencia. Le recomiendo leer el libro en secuencia por capítulo, porque cada enseñanza está conectada con una que la precede y otra que le sucede.

Las historias en cada capítulo contienen las enseñanzas de cada uno de ello. Si usted desea solamente hojear el libro para saber que contiene, le recomiendo leer las diez historias que se encuentran en él.

Para los buscadores de la felicidad, de la paz y de un mundo mejor, les doy la bienvenida a Yo Positivo.

CAPÍTULO 1

❧ Dolores que transforman ❧

El dolor emocional es una fuerza poderosa; en muchos casos mas poderosa que el amor. La vida de muchas personas gira hoy en día alrededor de evitar revivir un dolor emocional que quedó impregnado en el pasado.

Los dolores emocionales viven en nuestro interior y su fuerza podría dirigir nuestros actos en una dirección que tal vez no queramos; bajo ciertas circunstancias esa fuerza podría estar fuera de nuestro control consciente.

Esas angustias del pasado afectan nuestra capacidad de conquistar nuestros sueños más queridos. Algunas de esas angustias podrían recordarnos el precio tan caro que hemos pagado por cometer errores en la vida y equivocarnos. Dado que perseguir un sueño trae inherente la posibilidad de fracasar, la simple posibilidad de vernos expuestos nuevamente a sufrir nos inhibe la pasión para tomar el riesgo de triunfar.

Con tal de evitar volver a vivir un dolor emocional nos alejamos de la persecución de nuestros sueños.

Voy a profundizar en algunos aspectos importantes del dolor emocional, para que usted pueda luego reconocer como podrían estar afectando su vida.

El dolor físico

Nuestro sistema nervioso está diseñado para indicarnos a través del dolor, cuando algo está funcionando mal en nuestro cuerpo y podamos tomar las medidas necesarias para evitar que continúe. Si usted siente dolor de estómago es porque algo anda mal en su estómago y es necesario que tome acción. Si usted tiene dolor de muela es porque algo anda mal con la muela y debe ir al dentista.

Cuando estamos pequeños y nos quemamos accidentalmente por primera vez, aprendemos gracias al dolor físico a tener cuidado de no acercarnos al fuego.

El dolor físico tiene entre otras dos funciones importantes. Servir como alerta de que algo anda mal en nuestro cuerpo y recordarle no hacer ciertas actividades que puedan causarle daño.

Recientemente han encontrado los neurocientíficos que el mismo centro del cerebro que maneja el dolor físico maneja el dolor emocional. Ellos aseguran que el dolor emocional actúa por medio de las actividades de la corteza singular anterior del cerebro. Otros científicos creen que la razón por la cual el dolor físico y el dolor emocional están conectados de esta forma, es por la importancia de las relaciones sociales en nuestra vida.

Cuando nos hacen algo que produce dolor emocional, como por ejemplo una injusticia, se activa un centro del cerebro donde se maneja el dolor físico y el dolor emocional. En los casos más agudos, nuestras reacciones al dolor emocional son similares a las reacciones al dolor físico.

Esa es la razón por la cual cuando el dolor emocional es intenso se siente en el cuerpo físico. El sitio físico donde se refleja el dolor emocional varía con cada persona, pero es muy común que se sienta en el pecho. De ahí que ante una pena sentimental muchas personas digan que les duele el corazón, hablando en sentido figurado.

Ante la similitud en el manejo del dolor físico y emocional por la misma zona de nuestro cerebro, podemos entender muchas de nuestras reacciones frente a recuerdos dolorosos. Así cómo aprendimos un día a no meter las manos en el fuego porque recordamos perfectamente el dolor que sentiríamos, también tenemos recuerdo perfecto de nuestros dolores emocionales y sus causas.

Instintivamente tomamos las medidas necesarias para evitar tanto los dolores físicos como los emocionales; sobre todo aquellos que fueron dolorosos en extremo.

Por ejemplo; si usted fue castigado con dureza por sus padres cuando trajo malas notas del colegio y sufrió mucho en esos días de su niñez, es muy posible que desarrolle una gran aversión a equivocarse; usted va a hacer todo lo posible en su vida adulta por no fallar, porque en su mente asocia el equivocarse con el dolor de ser castigado.

Mas adelante hago énfasis en el efecto que los recuerdos de la niñez pueden tener sobre la vida adulta.

Ejemplos de dolores emocionales

Si un día usted es despedido de su trabajo por algo que no hizo y se siente víctima de una injusticia, usted va a sentir mucho dolor por los hechos ocurridos.

Si usted se ha dedicado a construir por 20 años un negocio del cuál depende su familia, y un día llega un evento catastrófico y lo destruye, usted va a sentir dolor por esa pérdida.

Las rupturas sentimentales, la traición y el abandono, son ejemplos típicos de situaciones que producen un gran dolor emocional.

La crítica, la calumnia, la mentira, la injusticia, son situaciones que nos producen sentimientos de impotencia, rabia y dolor.

Cuando somos robados, estafados, engañados, experimentamos emociones negativas cuya fuente es el dolor que nos causan estos eventos.

La muerte de seres queridos y la pérdida de nuestra salud, son ejemplos de situaciones agudas donde experimentamos mucho dolor.

Los dolores emocionales son todos aquellos que no están relacionados al sistema nervioso del cuerpo físico y que afectan nuestra vida significativamente.

Las Alarmas Emocionales

La ciencia ha demostrado que el recuerdo de los dolores emocionales reposa en un área especial de nuestro cerebro que recuerda con perfección los eventos y circunstancias que dieron lugar a esos momentos difíciles de nuestro pasado. Esa memoria emocional tiene la función de alertarnos ante la posibilidad de que los mismos eventos vuelvan a ocurrir, para que usted pueda tomar todas las medidas necesarias y evitar vivir ese dolor otra vez. Ese proceso de alerta y acción funciona instintivamente, fuera de nuestro alcance consciente.

Este proceso de alertarnos sobre situaciones que podrían potencialmente hacernos sufrir, le llamaremos las alarmas emocionales.

Esas alarmas emocionales están localizadas en una parte de nuestra mente a la que no tenemos acceso consciente. Sin embargo las alertas están ahí guardadas, esperando la señal adecuada para despertar reacciones que no vamos a poder entender conscientemente.

Cuando esas alarmas emocionales se disparan, el buen juicio y el raciocinio son doblegados por una reacción emocional primitiva y poderosa. Gracias a estas reacciones primitivas hemos visto acciones de personas que hemos conocido por años, que nos resultan extrañas e incomprensibles. A veces nosotros mismos tenemos actitudes a las cuales no les podemos encontrar una explicación racional.

Si pudiéramos analizar lentamente que emociones se disparan en el interior de un individuo ante ciertos eventos, encontraríamos rápidamente las razones que causaron esas emociones. Bajo el caso hipotético de que pudiéramos recrear un video en cámara lenta del proceso de nacimiento y desarrollo de esas emociones fuera de control, podríamos entender sus raíces.

Esa cámara emocional no existe y la única pista que tenemos sobre las raíces de esas reacciones, es el dolor que las causó.

Cuántas veces usted ha perdido el control y ha cometido actos de los que luego se arrepiente y ha necesitado decir algo como: "Perdóname, no se que me pasó, ni yo mismo me conozco..."

O cuántas veces hemos visto a personas realizar acciones que sencillamente no podemos creer que ellos hayan cometido y luego comentamos algo como: "Que le habrá pasado, no lo reconozco; no puedo creer que el haya hecho algo así…".

Cuando las alarmas emocionales suenan, reaccionamos instintivamente sin pensarlo.

Ante la posibilidad de volver a vivir un dolor emocional del pasado, las emociones necesarias para "protegernos" toman control de nuestros actos y reaccionamos fuera del control consciente. En esos momentos se apaga el intelecto y quedamos a merced de nuestros instintos.

Los sufrimientos del pasado están afectando nuestra vida presente.

¿Que cosas estamos dispuestos a hacer con tal de no volver a vivir momentos difíciles y angustiosos del pasado?

¿Que estamos haciendo para mitigar esos dolores que viven en nuestro interior y que son insoportables?

¿Cómo esos dolores invisibles tienen un impacto significativo en nuestro comportamiento adulto?

¿Cuáles son esos dolores que no podemos casi recordar y que roban nuestra paz y nuestra capacidad de ser felices?

En este libro hablaremos de técnicas específicas para manejar estas emociones positivamente y convertirlos en la clave para realizar un cambio significativo en nuestras vidas. Un cambio positivo que bien merezca haber sufrido cada uno de esos momentos.

Cuando el dolor emocional es insoportable

Después de años de haber sufrido y de conocer personas que han sufrido lo indescriptible, he podido concluir que son muy pocas las personas "malas" de verdad. Mayormente existen personas que cometen acciones equivocadas producto de sus reacciones para evitar revivir sus angustias del pasado. Por ninguna razón esas acciones equivocadas están justificadas, pero si necesitan ser entendidas para poderles buscar la cura y no cometerlas nunca más.

Cuando esos dolores emocionales son insoportables acudimos a muchas vías para calmarlos.

No existe la aspirina para los dolores emocionales. La medicina natural mas conocida para mitigar el dolor es el llanto. Y a muchos hombres se les cercenó esa posibilidad al haber sido educados con la premisa de que "los hombres no lloran". A todos ellos se les privó de la posibilidad de resolver sus dolores emocionales de forma natural, por eso una gran cantidad de hombre son inclinados a usar "medicinas" poco recomendables.

Los dolores emocionales más extremos los podemos llamar dolores del alma. Muchas personas usan la expresión "me duele el alma", para describir sus sufrimientos mas agudos. Llamaremos dolores del alma, aquellos que no podemos soportar y por los cuáles estamos dispuestos a hacer lo que sea necesario para calmarlos.

Cuando el dolor del alma aflora, perdemos el sentido de la realidad; sentimos una corriente que nos atraviesa y nos parte en dos; sentimos que la vida se nos va; que no somos capaces de soportar ese dolor. Perdemos la respiración y queremos gritar sin control desde lo más profundo de nosotros mismos. Es un dolor que no se puede explicar con palabras, pero que sentimos en cada célula, en cada aliento, en cada parpadeo, en cada latido del corazón.

Cuando sentimos dolores del alma quisiéramos poder despertar de una pesadilla, negamos la realidad presente, se nos apaga la razón, el intelecto, la cordura, y buscamos desesperadamente fórmulas para parar de sufrir.

Algunas de esas fórmulas que sirven como un tipo de anestesia emocional son adecuadas y otras son perjudiciales. Son las fórmulas perjudiciales para mitigar los dolores del alma o para evitar que nos vuelvan a ocurrir, las que destruyen nuestra vida de una u otra forma.

Las enfermedades de la mente y sus raíces emocionales

Cuando nos vemos expuestos por demasiado tiempo a dolores emocionales insoportables, nuestra mente se transforma dando paso a anomalías en el funcionamiento natural de nuestro cerebro.

La depresión, los pensamientos suicidas, los desórdenes bipolares, la agresividad excesiva, la neurosis, son solo algunos de los ejemplos de las alteraciones del comportamiento humano producto de uno o varios dolores del alma que han sido experimentados por el tiempo necesario como para cambiar nuestro comportamiento.

Esta transformación del comportamiento es un caso muy común entre los veteranos de guerra, cuyo accionar se ve radicalmente alterado por esas experiencias traumáticas que quedaron grabadas en sus cerebros, a las cuáles fueron expuestos por el tiempo necesario para que dejaran una huella imborrable en su psiquis.

Son muchos los seres humanos que vivieron expuestos a dolores sostenidos cuando eran niños. Cuando usted fue educado en un hogar donde le abusaron física y verbalmente, donde no fue querido ni comprendido, donde solo recibió rechazos y críticas permanentes, entonces usted experimenta síntomas parecidos a los de un veterano de la guerra traumatizado (aunque en mucha menor escala).

Los dolores emocionales de la niñez transforman el comportamiento humano.

En su punto mas intenso, esas memorias dolorosas no permiten vivir en paz. Son un tormento agudo y profundo, difícil de anestesiar. Cuando una persona es sometida a ese dolor emocional intenso por un período prolongado, produce un cambio físico en los componentes químicos del cerebro alterando el balance natural del mismo. Este desbalance produce comportamientos parecidos a la locura. Si no se logra parar ese dolor en las personas, estas se desconectan de su realidad y terminan en hospitales especializados, calificados como discapacitados mentales.

Los desordenes bipolares son un clásico ejemplo de una persona expuesta a un dolor sostenido, el cual transforma el balance natural químico del cerebro, facilitando reacciones extremas en la persona expuesta.

Los hospitales mentales están repletos de seres humanos que no aguantaron mas el sufrimiento y su mente sucumbió al dolor. En los casos mas extremos las personas llegan al suicido cuando concluyen que no podrán vivir con ese dolor tan grande por dentro; para parar el sufrimiento acuden a la única medicina que queda disponible, que es la muerte. Muy parecido al proceso vivido con el dolor físico sostenido, cuya existencia está influyendo en las legislaciones relacionadas con la eutanasia. No olvidemos que el dolor físico y el emocional son manejados por el mismo centro en el cerebro.

Las medicinas para curar los dolores emocionales

Como les expliqué antes no existen medicinas para los dolores emocionales. Recientemente estamos disfrutando de calmantes que mitigan las reacciones extremas de la mente ante eventos dolorosos y evitan que hagamos locuras.

La primera medicina natural que el cuerpo utiliza es el llanto. El llanto es un analgésico poderoso que mitiga los efectos del dolor emocional por un tiempo.

También existen algunos otros métodos que disipan esos dolores temporalmente. Por ejemplo el licor, las drogas, el sexo, el juego, salir de compras. Cualquier cosa que distraiga la mente de esos recuerdos que producen dolor.

Cuando una persona se embriaga con licor, pierde la consciencia por un tiempo y sus dolores disminuyen en intensidad. El uso de drogas es todavía más intenso y adormecedor. El sexo actúa también como disipador del dolor al proveernos de un momento de placer y distracción.

Ante un dolor sostenido, algunas personas acuden cada vez más a estas medicinas temporales creando una adicción que termina destruyendo sus vidas y la de los que le rodean. Cuando el cuerpo físico genera una adicción a esa cura temporal, entonces el proceso para salir de esas adicciones es mas complicado y doloroso.

En este libro hablaremos de técnicas específicas para manejar el dolor y salir de esas adicciones.

El dolor emocional y el subconsciente

Las impresiones fuertes que se adquieren en la niñez, quedan grabadas en el subconsciente para toda la vida. Los momentos más dolorosos e impactantes, quedan registrados en un área especial de la memoria emocional para siempre. Esta información es usada por el cerebro para alertarnos de posibles situaciones que podrían despertar nuevamente ese dolor y por tanto prevenirlas antes que vuelvan a ocurrir. Este proceso lo describimos anteriormente en la sección de las alertas emocionales.

Cuando aparece una situación que el cerebro interpreta como potencialmente parecida a momentos de la niñez donde sufrimos mucho, reaccionamos automáticamente para prevenir que vuelva a ocurrir. Todo el proceso de alertarnos del potencial peligro de volver a sufrir un dolor del pasado, funciona a nivel subconsciente y no somos conscientes de su desarrollo. Ni tampoco tenemos acceso consciente a esa área de la memoria donde reposan esos recuerdos catalogados como de máxima atención.

Una vez que el subconsciente detecta que nos estamos dirigiendo a una situación que puede causarnos mucho dolor, procedemos a reaccionar emocionalmente sin pensar en lo que hacemos. Esta reacción es automática y más poderosa que la razón y el intelecto.

Hay una razón física para que esa condición de control de las emociones sobre la razón ocurra, que la explicaremos mas adelante en el libro.

Por lo pronto es necesario que entendamos que ese miedo a experimentar momentos dolorosos de la niñez se encuentran grabados en un área de nuestro cerebro al que solo podemos acceder a través de procesos especiales. Esas memorias emocionales se adquieren en la niñez y cuando el cerebro evoluciona y se desarrolla la consciencia en nosotros (que es en la época de la adolescencia), esos recuerdos quedan sumergidos en nuestro subconsciente.

Esos recuerdos emocionales nos acompañan todos los días de nuestra vida y sirven como parámetros para nuestro comportamiento. En muchas oportunidades los seres humanos reaccionamos a estas alertas subconscientes de forma tal que ni nosotros ni nadie puede entender nuestras reacciones. La explicación a esas reacciones se encuentra sumergida en lo más profundo de nuestra mente subconsciente.

Esos recuerdos emocionales pueden representar la diferencia entre el éxito y el fracaso, entre la felicidad y la tristeza, entre la libertad y la esclavitud, entre el amor y el odio. Esos recuerdos emocionales pueden llevarnos a la depresión, a la locura, a los errores, a los vicios, al fracaso.

Aprender a manejar esos recuerdos emocionales podría ser la diferencia entre el éxito y el fracaso. Aprenderlos a manejar podría pavimentar el camino para que demos rienda suelta a nuestras más bellas virtudes y lograr convertir nuestros sueños en realidad.

Si por alguna razón usted se encuentra hoy preso de reacciones emocionales fuera de su control consciente, es su responsabilidad buscar las raíces de ese comportamiento y madurar sus reacciones para evitar que continúe haciendo daño a usted y a sus seres queridos. Este libro le ayudará a conquistar ese propósito.

También puede pasar que usted quiera conquistar un sueño en particular y no encuentra forma de liberar su pasión interior. El mismo mecanismo que lleva a una persona a la depresión, es el mismo que le impide lograr el éxito. Si usted se encuentra en esa situación, este libro también le puede ayudar a remover esos bloqueos en su camino al éxito.

La Empatía

"Solo el que padece, compadece"

Poder sentir el sufrimiento y el dolor de los demás es una virtud escasa. Aquellos que han sufrido mucho son tal vez los más sensibles al sufrimiento ajeno, pero solo lo pueden hacer cuando se encuentran en paz y liberados de sus dolores.

La mayoría de las personas tienden a juzgar equivocadamente los actos de los demás, porque no pueden comprender el dolor o el miedo que motivan sus actos. Tampoco es responsabilidad ni deber de nadie comprender el dolor ajeno. Sin embargo cuando usted mantiene una relación con alguien y desea mejorarla, la empatía es una virtud fundamental para la salud de esa relación.

La empatía es la capacidad de entender y comprender el sufrimiento ajeno.

Es todo un reto desarrollar esta virtud. El primer paso para desarrollarla es aprender a preguntar antes de juzgar. Por muy equivocado que luzca el comportamiento de alguien, siempre es bueno preguntar y escuchar con atención los motivos y razones de las demás personas. No para estar de acuerdo, sino para poder comprender el dolor que los motiva y estar en capacidad de aportar productivamente a las otras personas.

Cuando hay empatía, la comunicación es más suave y fluida. Los niveles de tensión de la relación disminuyen, los corazones se abren y las posibilidades de un entendimiento se multiplican.

Hay veces en que podemos entender el comportamiento de otros aunque no compartamos su proceder. Sin embargo, cuando somos nosotros los afectados o heridos por ese comportamiento, es mucho más difícil porque estamos presos del dolor y las emociones no nos permiten desarrollar esa capacidad.

En cualquier caso, es importante siempre preguntar a los demás acerca de sus sentimientos y razones; y desarrollar la capacidad de comprender cuál es la raíz del problema. Mas adelante en el libro hablaremos mas sobre técnicas para poder comprendernos mejor y comprender a los demás.

El dolor emocional en la niñez y su impacto en la vida adulta

El mundo de los niños es muy diferente al de los adultos. Cuando crecemos se nos olvida que un día fuimos niños, que fuimos inocentes, soñadores, optimistas, confiados, ilusos. El mundo de los niños es todo fantasía e imaginación. Por eso los niños creen en súper-héroes, dibujos animados, muñecas; la razón de todo ese mundo fantástico, es el hecho de que el cerebro de los niños está subdesarrollado.

La mente de un niño es frágil, débil, maleable. Solo cuando los niños comienzan su adolescencia pueden tener algo de consciencia para defenderse intelectualmente de las amenazas del mundo.

Los padres muchas veces olvidan esa forma natural del cerebro infantil que lleva a los niños a ser seres emocionales, viviendo un mundo imaginario. He visto padres amenazar a sus hijos de 2 años de edad con castigos terribles porque supuestamente estaban "manipulándolos" ; si esos bebés con dificultad pueden hablar, de que forma podrían estar planeando la manipulación de un adulto. Tan solo los niños en su mundo infantil acuden a las emociones que tienen disponibles; no hay forma de que un niño de dos años pueda conscientemente calcular algo así.

Educar niños utilizando el miedo como arma principal o el abuso, la fuerza, la manipulación, la crítica, produce daños irreversibles en su mundo emocional. Los niños son una materia emocionalmente frágil, necesitado de amor, cariño y comprensión.

Como muchos padres no tienen una clara comprensión del daño que el dolor y el miedo producen en sus hijos, los utilizan como sistema para educar. Por eso es común ver a los padres amenazar frecuentemente con castigos para disciplinar a sus hijos. En la mayoría de los casos esta metodología funciona positivamente; solo es dañina cuando se utiliza con frecuencia y con intensidad.

Cuando los padres, en su mejor intención, manipulan y amenazan a sus hijos con la pérdida de sus juguetes y tesoros emocionales, están fabricando una gran miedo al futuro en sus hijos. Cuando estas "técnicas" educativas se combinan con amor físico y verbal, es posible mitigar el daño que se causa en ese niño y podrán dar paso a un adulto comprensivo y seguro de sí mismo.

Cuando el abuso sostenido es la única forma de comunicación con el niño, entonces se destruye su mundo emocional y cuando se convierten en adultos necesitan cubrir ese "vacío" a como de lugar. Buscando la forma de cubrir ese vacío interior de carácter emocional, nacen los adictos a las drogas y al alcohol por ejemplo.

Cabe anotar que todos los padres aman a sus hijos y quieren lo mejor para ellos. Tan solo los padres reproducen métodos para educar a sus hijos que aprendieron de sus padres; de esa forma se crea un ciclo de errores que se transfiere de generación en generación.

La mente de los niños es el subconsciente del adulto

Mientras usted se encontraba siendo niño, todos los recuerdos de experiencias positivas o negativas quedaron grabados en su mente emocional. Los mas dolorosos quedaron marcados con un sello especial, que le permitirá estar pendiente de por vida de no volver a revivirlos.

Cuando una situación es traumática y ocurre en la niñez la mente la graba en esa área especial del cerebro, todos los hechos y eventos ocurridos en ese momento. Esa información de carácter emocional es utilizada en el futuro para que tomemos todas las medidas necesarias para que no se vuelvan a repetir.

Cuando nos volvemos adolescentes y luego adultos, esos recuerdos quedan sepultados en el subconsciente y casi que perdemos el acceso a ellos. Las impresiones fuertes de la niñez no se olvidan; se sumergen en el subconsciente y siguen vivas allí.

Lo relevante de esta realidad es que muy posiblemente la interpretación que un niño pudo darle a esos eventos traumáticos, está equivocada. Y por tanto las personas mantienen unas alertas emocionales que no son ajustadas a una valoración adecuada de los hechos. Y ese error continúa viviendo con nosotros toda la vida, hasta que un día decidamos enfrentarlo y madurarlo.

Debido a esa valoración inadecuada de ciertos hechos de la infancia, los adultos reaccionan erróneamente a hechos del presente.

Un ejemplo típico es la creencia infantil que nuestros padres no nos querían. Cuando los padres carecen de expresión verbal y/o física del amor, o lo hacen de forma tal que lo puede entender un adulto pero no un niño; entonces los niños tienden a creer que sus padres no los aman. Las personas que crecen con la creencia de que cuando niño no fueron amados, pierden su autoestima y autovaloración, adormeciendo su pasión por vivir.

El autoestima de un niño es directamente proporcional al amor físico, verbal y a los elogios que sus padres le den. Lo contrario, también es cierto.

No me cansaré de recalcar durante este libro la importancia de cuidar, amar, entender y elogiar a los niños. El mejor regalo que un padre le puede dar a un hijo, es una memoria feliz de su infancia.

Los niños con TDAH (ADHD Atention Deficit Hyperactivity Disorder por sus siglas en inglés) o Trastorno por Déficit de Atención con Hiperactividad, merecen un punto aparte. Los niños con este desorden mental congénito presentan entre sus características una sensibilidad elevada al dolor físico. Por eso tienden a ser más agresivos físicamente. La misma característica opera para la parte emocional. Estos niños son comúnmente llamados "resentidos" porque cualquier cosa les afecta por muy pequeña que sea; son hipersensibles al dolor emocional también.

Abusar de niños con esta hipersensibilidad al dolor físico y emocional es cruel. Los padres con niños que tengan esta anomalía congénita deben buscar ayuda profesional que les oriente sobre la mejor manera de educar a sus hijos.

El dolor se mitiga con dolor

Una reacción natural primitiva al dolor físico, es atacar físicamente a la causa del dolor. Es una reacción primaria del cerebro que nos ayuda a defendernos de las amenazas y peligros. Esa reacción instintiva es la que le permitió al hombre sobrevivir en el mundo animal.

De igual forma tendemos a atacar a las personas que nos causan dolor emocional. No necesariamente las atacamos físicamente aunque en algunos casos ocurra, pero si lo hacemos con el objetivo de que la persona sienta dolor también y pare de realizar las acciones que nos están dañando.

Esta es una reacción primitiva. Podemos verlo cuando un niño pequeño se cae de una silla y el padre para tranquilizarlo le pega a la silla diciéndole "silla mala, pan pan". Luego de esta reacción de su padre los niños se tranquilizan.

Esa misma reacción primitiva la mantenemos en nuestra vida adulta, pero a nivel emocional. Si alguien nos hace daño lo suficientemente profundo como para despertar esta reacción primitiva, entonces procedemos a hacer daño de vuelta. Y producirle daño a quién nos produce dolor, trae algo de tranquilidad temporal; de ahí el dicho: "La venganza es dulce".

Por eso cuando dos personas que se quieren comienzan a hacerse daño, se genera un espiral negativo que muchas veces termina con la destrucción de la relación.

Le invito a que reflexione con cuánta frecuencia usted se siente motivado a producir dolor en otra persona, porque ésta le ha hecho algo que le duele. A veces no notamos con cuánta frecuencia reaccionamos de esta forma.

Si logramos aprender a manejar el dolor adecuadamente, podremos controlar estas reacciones primitivas que tanto daño hacen a las relaciones con nuestros seres queridos.

La historia de Gonzalo

Hace un tiempo atrás conocí una chica llamada Andrea que no le podía perdonar a su padre (quién se llama Gonzalo) que las hubiera abandonado a ella y a su madre, cuando era apenas una niña de 9 años. Su madre le había explicado que Gonzalo se fué de la casa porque tenía otra mujer y al descubrir su infidelidad le echó de la casa.

Gonzalo volvió a ver a Andrea cuando ella tenía 18 años de edad y desde ese momento se propuso reparar el daño causado y se dedicó a llenar de amor y atenciones a su hija. Sin embargo ella no podía olvidar esos momentos del pasado y entre más su padre se acercaba a ella, más prevenida y esquiva reaccionaba.

Tuve la oportunidad de hablar con ambos por separado y entender mejor lo que había ocurrido. Para efectos de ilustrar los puntos establecidos anteriormente en este capítulo, voy a hacer un análisis del dolor de Gonzalo y luego del dolor de Andrea.

Gonzalo se había equivocado al serle infiel a su esposa. El nunca esperó que lo fueran a descubrir y le dolió perder su hogar por consecuencia de sus errores. Lo peor de todo es que el daba la vida por su hija. La relación que el tenía con ella era de admirar. Desde muy pequeña él la cuidó como el más ejemplar de los padres y la llenó de amor en todas las formas posibles. Cada vez que llegaba a casa y la veía, todos sus pesares desaparecían.

Cuando su esposa le echó de la casa de la peor forma posible, como era de esperarse, el mundo se acabó para Gonzalo. Terminó con la relación extra marital que tenía e hizo todo lo posible por volver con su esposa, pero ella nunca quiso darle otra oportunidad.

Los meses posteriores a ese episodio fueron terriblemente dolorosos para Gonzalo. No podía perdonarse haber cometido tal estupidez. Ya no podía dormir ni comer. El dolor era tan intenso que comenzó a refugiarse en el alcohol. A los pocos meses estaba alcoholizado, perdió su trabajo, su dinero y acabó sumergido en las drogas.

Alejándose del dolor Gonzalo se fue a vivir a otra ciudad. Allí pasó la mayor parte de los 9 años que duró distante de su hija. En ese período se convirtió en un mendigo y se avergonzó de si mismo. Llegó a vivir momentos realmente humillantes y deplorables. Víctima de sus adicciones y sus fracasos, autodestruyó todo lo que había logrado en su vida.

Al verse en ese estado de postración, se alejó totalmente de su hija para que ella no lo viera así. Le hubiera dolido mucho a esa niña que tanto le quería, verle hecho una piltrafa humana. Para evitarle ese dolor y para evitarse a el mismo el dolor de verse rechazado por su hija, de perder la imagen linda que el pensaba que su hija tenía de el, prefirió alejarse totalmente de Andrea.

Sin embargo, visitaba regularmente la ciudad donde vivía Andrea para verla en los recreos del colegio o mirarla cuando salía de clases y la recogía su mamá. Se las arregló para verla crecer en silencio y contemplarla a la distancia. Se moría por abrazarla, pero el dolor de sufrir el rechazo de Andrea cuando lo viera en ese estado era mayor que el amor que sentía por ella.

La vida le dio una segunda oportunidad a Gonzalo.

Cuando pudo recuperarse de su adicción y volvió a ser la persona que el quería ser, regresó a su casa y se presentó pidiendo perdón y dispuesto a reconstruir la relación con su hija. Lo malo era que ya Andrea había cambiado mucho.

El día que siendo una niña Andrea se levantó y escuchó los gritos de su madre en contra de su padre, se enteró que el hombre que ella mas amaba, la luz de sus ojos, su héroe, su papi, les había mentido, les había traicionado, y ahora sentía mucho miedo de perderlo. No se imaginaba como podía ser la vida sin su padre.

Cuando pasaron los días después de la partida de Gonzalo y el se alejó completamente de ella, no podía entender como su papá había cambiado tanto y tan repentinamente. Pasó de tener el mejor padre del mundo, el que todas las amigas envidiaban, a quedar abandonada presa del dolor de perder al padre más maravilloso del mundo.

Su madre tuvo la sabiduría de no inculcarle rencor contra el y dedicarse a educarla y a hacer el papel de padre y madre a la vez.

Cuando fue creciendo y en cada momento importante de su vida, le dolía no tener a su papá con ella. Mientras todas sus amigas disfrutaban a su padre en sus cumpleaños, ella sentía el vacío tan grande de esa figura. Se imaginaba que tan linda tenía que ser esa otra mujer con la que se fue su papá, para que se hubiera olvidado de ella. También pensaba en que tan falsos podían ser los hombres y que tan rápido podían cambiar de hogar como si nada.

En su adolescencia se prometió a si misma jamás permitirse amar a un hombre que no fuera confiable; inconscientemente se programó para salir corriendo de cualquier relación donde se pudiera enamorar de un hombre que le fuera a abandonar en cualquier momento.

Andrea guardó todos esos recuerdos emocionales con el objeto de evitar volver a revivirlos en el futuro. Sin embargo, la valoración de esos hechos estaba equivocada, porque Andrea era solo una niña.

Cuando Gonzalo reapareció en su vida, Andrea casi se desmaya. La combinación de felicidad y rabia al mismo tiempo, la tenía descontrolada. Finalmente prefirió gritar de la rabia e insultar a su padre y le volvió a pedir que se fuera y no volviera más; aunque por dentro se moría de ganas por besarlo y abrazarlo.

Gracias a que Gonzalo ya había superado el manejo de su dolor, tuvo la paciencia de volver el número de veces necesarias hasta que Andrea fue cediendo y pudieron volver a tener una buena relación.

Sin embargo Andrea nunca se abrió totalmente. En su subconsciente quedó la decisión de no volver a sufrir por un hombre, tal como ella lo hizo cuando era una niña ante el abandono de su padre. Eso incluía un novio que tuvo, al cual sorprendió coqueteando con otra chica y por poco lo ataca físicamente. Ese día perdió el control y por supuesto nunca más volvió a ver a ese novio, cancelando esa relación aunque le doliera mucho.

El dolor emocional del abandono de su padre, transformó las reacciones de Andrea en agresivas ante la posibilidad de perder al hombre que amara. Su miedo le llevó a ser muy prevenida con los hombres y extra sensible al momento de tolerar deslices. Al crecer, se volvió una joven celosa y controladora. Su miedo a volver a sentir ese dolor de la niñez, transformó su comportamiento.

CAPÍTULO 2

❧ La batalla entre el intelecto y la emoción ❧

La parte intelectual de nuestra mente se aloja en una sección del cerebro llamada el neocortex. El neocortex es el centro de la razón, la lógica, el intelecto.

Utilizamos el intelecto en la mayoría de nuestro tiempo activo. Lo usamos para escribir, para leer, para calcular, para analizar, para decidir lógicamente. Gracias a los conocimientos que hemos adquirido en nuestras vidas, vamos perfeccionando la toma de decisiones consciente basado en el proceso intelectual.

Si usted utilizara solo su intelecto para tomar decisiones, se parecería al Doctor Spock de la película Viaje a las Estrellas.

Utilizando el intelecto podemos tomar decisiones balanceadas y acertadas. Gracias al desarrollo positivo del intelecto nos convertimos en expertos en ciertas áreas.

Debido a los conocimientos que hemos adquirido desde niños, vamos progresando positivamente en muchos aspectos de nuestra vida. El intelecto es la voz de la razón. Nos ayuda a tomar decisiones balanceadas, a pesar del fervor de nuestras emociones.

Cuando estamos actuando desde el intelecto estamos en control de nosotros mismos, elegimos nuestras acciones y decisiones. Desde el intelecto ordenamos a nuestro cuerpo y el responde acorde a nuestro pensamiento.

El intelecto nos sirve para comprender nuestras emociones y ajustar nuestras reacciones a los impulsos emocionales.

Sin embargo no siempre actuamos desde el intelecto. Con más frecuencia de lo que podemos notar, nuestras emociones eclipsan el intelecto y gobiernan nuestras acciones. Estamos en control de nosotros mismos hasta que las emociones y el instinto se despiertan; en esos momentos el intelecto pasa a un segundo plano y perdemos el control consciente de nuestros actos.

Cuando las emociones nos controlan

Bajo ciertas circunstancias las emociones toman control de nuestros actos. Aclaro que esta situación solo ocurre bajo circunstancias especiales; mayormente una persona está en control intelectual de sus actos.

Una situación común se presenta cuando vamos manejando y el conductor de otro vehículo nos roba la vía, a la que tenemos derecho. En cuestión de milisegundos reaccionamos con agresividad tal vez gesticulando y criticando al otro conductor; he visto casos de conductores de vehículos pequeños lanzar el carro contra camiones para recuperar la vía. Basado en el intelecto, una reacción así no tiene mucho sentido; el camión es más grande y no podemos esperar moverlo a la fuerza; las consecuencias de un accidente son todavía más significativas.

Hagamos un análisis de una reacción como la ilustrada en este ejemplo. Usando el intelecto jamás reaccionaríamos con agresividad ante un camión, es lógico que llevamos las de perder. Sin embargo la sensación de sentirnos abusados nos ofende hasta tal punto que las emociones secuestran nuestros actos y nos mueven a actuar agresivamente sin siquiera pensar en las consecuencias. En cuestión de milisegundos estamos actuando bajo el control de nuestros instintos.

Bajo ciertas circunstancias, las emociones son más poderosas que el pensamiento.

Tal vez usted no haya notado con cuánta frecuencia las emociones le llevan a actuar en la dirección que usted no quiere.

A veces ocurre a los padres con los hijos, quiénes desesperados por los retos de la crianza, castigan a sus hijos con dureza. Luego, cuando ya esos padres se han reposado se arrepienten de su reacción y levantan el castigo. En su momento, la emoción fue más poderosa que el intelecto y el padre reaccionó con dureza extrema. Cuando el intelecto vuelve a tomar control, entonces la persona nota que pudo haber reaccionado de otra forma y toma los correctivos necesarios.

Otra situación típica se presenta cuando estamos en sitios donde necesitamos relacionarnos con personas que no conocemos. Son muchas las personas que tienen dificultades para hablar con extraños y hacer nuevas amistades. Existe un miedo que no le permite acercarse y establecer conversación con alguien que no conoce, aunque intelectualmente sepa que sería provechoso. La emoción del miedo se impone sobre el intelecto, bloqueando una acción que bien podría terminar en un gran beneficio para la persona.

Reaccionamos de esta manera porque nuestro cerebro está diseñado para que nos comportemos de esa forma. Vamos a analizar el funcionamiento del cerebro y sus implicaciones en el manejo de nuestras emociones.

El funcionamiento del cerebro

Cuando una situación específica despierta alertas en la parte mas primitiva del cerebro, conocida como el sistema límbico, nuestras reacciones son despojadas del control del intelecto y manejadas por reacciones primarias orientadas a que podamos sobrevivir a cualquier "peligro".

La parte mas primitiva del cerebro es conocida como el cerebro límbico. Es la parte que se forma primero, mientras el feto se desarrolla en el seno materno. En esa parte reposan nuestros instintos primarios, lo que podríamos llamar el instinto animal.

El sistema límbico está diseñado para tomar control del cuerpo y reaccionar instintivamente ante una situación de peligro. En esos momentos el intelecto se apaga y usted actúa por instinto, sin pensarlo. En esos momentos no estamos en control intelectual de nosotros mismos. Este sistema de reacción es necesario para la sobrevivencia en el mundo animal; de no haber gozado de este sistema, el hombre no habría podido sobrevivir ante el peligro de las fieras y otras amenazas.

Una componente importante del sistema límbico, es la amígdala.

La amígdala de la que hablamos en este libro es diferente a la glándula que se encuentra en nuestra garganta. Esta amígdala se encuentra dentro de nuestro cerebro.

La amígdala es la parte del cerebro que se encarga de las emociones. Cuando la amígdala es estimulada, produce una serie de impulsos nerviosos que generan reacciones químicas a través de todo el cuerpo. A este conjunto de impulsos nerviosos y reacciones químicas, nosotros le llamamos las emociones.

Una de las funciones de la amígdala es filtrar todas las señales emitidas al cerebro por los sentidos. Si la amígdala no detecta ninguna señal de "peligro" en esas imágenes, entonces nuestro comportamiento se rige por el modo intelectual.

Sin embargo, si la amígdala llegara a detectar que hay una situación potencialmente peligrosa donde podemos ser dañados emocional o físicamente, entonces la amígdala reacciona instruyendo todo nuestro cuerpo para que procedamos a tomar las medidas necesarias para contrarrestar el peligro.

Los peligros codificados en esa memoria emocional pueden ser físicos o emocionales.

La amígdala tiene una conexión directa con los sistemas nerviosos y por tanto la capacidad de producir reacciones físicas por fuera de nuestro control. Cuando una situación potencialmente peligrosa desde el punto de vista emocional aflora, el intelecto no tiene forma de procesarla para que podemos reaccionar con calma y mesura. Una vez que esta alarma en la amígdala se dispara, el cuerpo y las emociones reaccionan fuera de control, provocando reacciones primitivas que luego podemos llegar a lamentar.

Voy a explicarles este proceso mas en detalle, porque es importante entender como funciona nuestro cerebro para luego educar positivamente nuestras reacciones. Para ello voy a explicarles paso a paso un proceso mental que toma milisegundos.

Que hace el cerebro para protegernos del "peligro"

He colocado la palabra "peligro" entre comillas, porque la interpretación del riesgo es subjetiva en muchos casos.

Cuando la amenaza es de sufrir un daño físico, los peligros son objetivos. En el caso de sufrimientos emocionales, el concepto de "peligro" varía de individuo en individuo. Como las reacciones a las amenazas físicas o emocionales son manejadas por el mismo centro del cerebro, el proceso de reacción ante ambas situaciones es similar.

A continuación detallo la forma como el cerebro humano maneja las amenazas, ya sean físicas o emocionales.

El Tálamo es la parte del cerebro donde llegan todos los impulsos nerviosos proveniente de los sentidos. Una vez procesados todos los estímulos nerviosos que nuestros sentidos detectan en cualquier momento de nuestras vidas, las imágenes mentales son enviadas simultáneamente a dos áreas del cerebro; el neocortex (el intelecto) y la amígdala (las emociones).

El tramo físico que necesita recorrer ese impulso desde el tálamo hasta el neocortex, es más largo que el camino necesario para llegar a la amígdala. Es decir, el centro emocional del cerebro se entera de lo que está pasando a su alrededor antes que el centro intelectual.

La amígdala siempre recibe las imágenes de los sentidos mucho antes que el neocortex. La amígdala ejerce la función de monitorear esas imágenes y buscar en la memoria emocional si hay alguna situación parecida en el pasado sobre la cuál sea necesario tomar acción inmediata.

Si la amígdala no encuentra ninguna asociación emocional del presente con el pasado, sencillamente ignora el impulso. Cuando las imágenes llegan al neocortex son procesadas intelectualmente y por ende reaccionamos con calma y mesura.

En el caso contrario, cuando la amígdala hurga en la memoria emocional y encuentra que la situación del presente es parecida a un momento del pasado donde fuimos dañados, las reacciones de las personas son emocionales y fuera del control intelectual. La amígdala reacciona inmediatamente produciendo las acciones necesarias para evitar que esa situación del pasado vuelva a ocurrir.

Las reacciones primitivas de huir o atacar

Las dos reacciones primitivas del cerebro en caso de peligro son huir o atacar.

Estas reacciones primitivas son similares a las usadas por el cerebro límbico cuando nos vemos en peligro físico. O salimos huyendo o atacamos a la fuente del peligro.

Estas dos reacciones son más comunes de lo que pensamos. En nuestro día a día nos vemos en situaciones donde preferimos callarnos y alejarnos para evitar conflictos.

Una forma muy común de huir es quedarnos paralizados, quietos. Reacción clásica del cuerpo para evitar enojar a fieras que estuvieran cerca; el cerebro ordena una parálisis total para disminuir las posibilidades de ser atacado. Esta reacción física se dispara especialmente cuando sabemos que correr o atacar no traería ningún beneficio.

El mismo tipo de reacción emocional la experimentamos cuando nos vemos abocados a una situación donde nos vemos impotentes ante las circunstancias. Es por eso que muchas personas ante las dificultades de la vida, se paralizan o actúan con mucha dificultad.

En muchas oportunidades inyectarle miedo a las personas que se encuentran en momentos difíciles, con la esperanza de que van a reaccionar para salir adelante, solo produce parálisis y complica mas las cosas.

Otra reacción clásica ante momentos difíciles es la de atacar. Por eso vemos a las personas irritables y a la defensiva; sencillamente están listos para atacar cualquier persona o evento que les produzca más dolor.

Regulando la intensidad de las emociones

La amígdala es la madre de todas las emociones; si tan solo nos siguiéramos por sus impulsos viviríamos un mundo desbalanceado, presa de todo tipo de emociones. Actuaríamos impulsivamente y básicamente seríamos objeto de muchas burlas.

Para regular nuestras reacciones emocionales tenemos los lóbulos prefrontrales. Estos dos lóbulos se encuentran situados justo en nuestra frente. Cada uno cumple un rol diferente al momento de regular nuestras emociones.

El lóbulo derecho se encarga de disminuir la intensidad de la emoción para ajustarla a una reacción acorde con nuestro intelecto. Es la que nos permite mantener la elegancia en un momento de plena emoción por ejemplo. Sin este lóbulo seríamos unos apasionados sin control y haríamos cosas fuera de sitio.

El lóbulo derecho utiliza el pensamiento negativo para cortar la intensidad de la emoción. Su función es mostrarnos todos los posibles escenarios negativos y las razones para disminuir nuestros impulsos.

Mayormente el pensamiento negativo cumple la función de protegernos de emociones que podrían traernos dolor. Como por ejemplo cuando nos ilusionamos con una promesa realizada por otra persona, posteriormente sigue un pensamiento negativo descalificando el que hizo la promesa. La función de ese pensamiento negativo es regular la intensidad de la ilusión, por si la persona no llegase a cumplir la promesa no nos duela tanto.

Podemos ver que las personas mas "negativas" son aquellas que mas están sufriendo. Usted recuerde los momentos en los que anduvo negativo y verá que andaba presa de dolor y la angustia. La mente para protegerlo de más dolores reacciona con pensamientos negativos.

Cada vez que el pensamiento negativo se haga presente, analice que está pasando y cual es el dolor potencial del cual la mente le está protegiendo.

Los niños y el descontrol emocional

Siempre recordemos que el cerebro de los niños está en formación; es un cerebro subdesarrollado. Los lóbulos prefrontales son la última parte del cerebro que se desarrolla y eso es alrededor de los 25 años. Por eso los seguros de vehículos valen menos para las personas mayores de 25 años, dado que ya tienen el "juicio" desarrollado.

Por este proceso evolutivo del cerebro, donde los lóbulos prefrontales no se desarrollan totalmente antes de los 25 años, es que vemos a los adolescentes y a los jóvenes siendo mas irreflexivos e impulsivos.

Los niños tienen muy poca capacidad de ecualizar sus emociones, dado que los lóbulos prefrontales están subdesarrollados. Por eso es que los niños son "optimistas" e "ilusos". Porque el proceso del pensamiento negativo para protegerles de posibles dolores, está apenas en proceso de desarrollo.

De esa forma los niños son todo pasión, fantasía, optimismo, credulidad.

El sitio donde se guardan las memorias emocionales

En la amígdala se guardan todos los recuerdos emocionales de los cuáles debemos estar atentos para evitar sufrimientos en el futuro. En la amígdala reposan estas memorias que están conectadas de forma tal, que todos los eventos de cada día son monitoreados en cuestión de milisegundos buscando patrones similares a los del pasado.

Las personas que son mas "defensivas" y "paranoicas", guardan un número mayor de memorias emocionales traumáticas y por ende están mucho mas alerta a las situaciones que ocurren a su alrededor.

Cuando un persona fue abusada en su niñez, experimenta un sinnúmero de situaciones traumáticas que quedan almacenadas en esas memorias emocionales. Cuando esa persona crece busca permanentemente en un sus recuerdos, para identificar situaciones potenciales del presente que se parezcan a las del pasado. Por eso estas personas reaccionan diferente a estímulos del presente que para otro individuo que no haya experimentado un pasado similar.

Una analogía válida es el seguro de la puerta de la casa. Hubo un tiempo en que las personas podían vivir sin poner seguro en las puertas de sus casas. Sin embargo, ante la primera vez que son robados aprenden a ponerle llave a la puerta antes de dormir. Si continúan siendo robados, entonces aumentan sus niveles de seguridad colocando seguros en las ventanas, alarmas, rejas en el jardín y cámaras de vigilancia.

Cuando alguien desprevenido pase por el frente de esa casa, puede afirmar que sus dueños son paranoicos. Esa aseveración se hace porque la persona no conoce el historial de robos que se han efectuado sobre esa propiedad, de lo contrario no emitiría ese juicio ligero.

Igual pasa con las personas. Los que han sido dañados en un mayor número de veces, tienen más medidas de protección para prevenir futuros sufrimientos.

Los recuerdos de todos esos daños emocionales se almacenan en una memoria diferente. Fundamentalmente tenemos dos memorias distintas. Una memoria para los hechos normales, el conocimiento, los recuerdos. Otra memoria exclusiva para los recuerdos emocionales más agudos.

La gran pregunta es ¿cómo saber que tenemos guardado en nuestras memorias emocionales? ¿De que forma esas memorias están afectando nuestro comportamiento adulto?.

La Historia de Amanda

Amanda había sufrido mucho con la enfermedad de su madre. Los costos de la enfermedad que su madre sufría eran muy altos para sus ingresos. Había necesitado dejar sus estudios para trabajar y conseguir los fondos para cuidar de ella. Extrañaba mucho a su padre que había fallecido unos años atrás.

A pesar de ser una mujer joven y atractiva, había elegido no utilizar su cuerpo para conseguir dinero, gracias a las enseñanzas que siempre le inculcaron en casa. Sin embargo era una joven extrovertida que vestía de forma que su cuerpo quedara bien expuesto. Tan solo le gustaba sentirse atractiva.

El trabajo que había conseguido era perfecto. Tenía el ingreso necesario para cuidar a su madre y le quedaba el tiempo para poder estudiar.

A los 8 meses de estar en el trabajo la promovieron a un cargo nuevo, gracias a sus habilidades y su disciplina. Su nuevo jefe era uno de los socios de la empresa; un hombre de mediana edad, carismático y profesional. Habían pasado pocas semanas en su nuevo trabajo cuando la esposa de su nuevo jefe comenzó a hacerle la vida imposible.

A pesar de nunca haber ocurrido ninguna situación que pudiera prestarse para un malentendido, la esposa de su jefe, a quién ella denominó "la bruja", demostró estar determinada a sacarla de la compañía. Amanda cambió su forma de vestir y se comportó profesionalmente y a la distancia con su nuevo jefe; sin embargo todo siguió igual. Una tarde Amanda fue despedida y le pagaron todas las compensaciones legales. Amanda queda desconsolada y presa del miedo y el dolor.

Amanda no podía entender como había gente tan mala en este mundo.

Unos meses después conocí a "la bruja"; se llamaba María. Sin ella saber que yo tenía conocimiento sobre la historia de Amanda, conseguí hablar con ella sobre su pasado. María era una mujer dulce, caritativa y muy espiritual. Todo lo opuesto a una bruja. Yo me preguntaba que podía haber convertido a María en una malvada.

Cuando María tenía 8 años de edad, su Padre la sentó en sus piernas y le explicó que ya papi y mami no se querían y que el iba a marcharse de la casa, pero que la seguiría viendo. A su corta edad María sufrió mucho con la separación de sus padres. El día que conoció a la nueva esposa de su papá, ella tenía 10 años. Esa era la mujer que le había robado su hogar y su felicidad. Una mujer linda y más joven que su padre.

Después de la breve entrevista, su mamá le explicó que esa señora había sido la secretaria de su padre; y que luego se habían casado. María nunca olvidó ese momento y aprendió en su mundo emocional de niña, el peligro que podía representar una secretaria joven y bonita para su hogar.

El día que María vio a Amanda en la oficina, tuvo una reacción sin precedentes en su matrimonio. Ese día gritó y ofendió a su esposo, diciéndolo los adjetivos más horribles. Una mujer educada y sensible, estaba totalmente fuera de control y llena de agresividad.

Al ver a Amanda, la amígdala de María procesó la imagen como una señal de peligro inminente. Las emociones tomaron control de ella y el intelecto llegó demasiado tarde. María reaccionó primitivamente insultando a su esposo. Y no tuvo paz hasta que consiguió que Amanda dejara la empresa; esta vez no iba a permitir que una mujer joven y bonita le destruyera su hogar.

Cuando la memoria emocional dispara una señal de peligro, nuestras reacciones quedan fuera de control y procedemos a reaccionar primitivamente. Las consecuencias de estas reacciones son las que afectan nuestra vida y dañan nuestro mundo.

La comprensión de estas reacciones no excusa su comportamiento; pero si ayuda a que podamos madurar nuestras reacciones y parar nuestros comportamientos equivocados.

CAPÍTULO 3

❧ El poderoso mundo de la mente subconsciente ❧

En los capítulos anteriores expliqué la importancia de las angustias del pasado y su influencia en nuestro comportamiento diario.

El cerebro está diseñado para estar atento a situaciones que podrían provocarnos un sufrimiento en el presente. Para cumplir con este propósito, la amígdala recuerda los eventos del pasado y los asocia con el presente; si llegara a detectar un potencial riesgo, tomaría el control de nuestros actos.

Esos recuerdos importantes del pasado están almacenados en una memoria emocional distinta a la memoria de los recuerdos.

No tenemos acceso consciente a esos recuerdos emocionales. Muchos de ellos están sumergidos en nuestro mundo subconsciente, en un área de la mente que no sabemos como encontrar.

En este capítulo voy a explicar como acceder esa memoria emocional a través de conectarse con el mundo subconsciente.

El subconsciente

La consciencia se apaga cuando nos dormimos. Mientras estamos en ese período del sueño, no tenemos control de nuestros pensamientos y emociones. Aunque no estamos físicamente en movimiento, el cuerpo si reacciona al estímulo de los sueños.

Si usted está soñando que lo viene persiguiendo un perro rabioso, usted se asusta en el sueño y sale corriendo; y si despierta justo antes que el perro lo vaya a morder, notará que está sudando y su corazón latiendo más rápido.

El cuerpo físico reacciona a los estímulos de las imágenes que procesa el cerebro, ya sea mientras dormimos o cuando estamos en vigilia. Las imágenes son el lenguaje natural del cerebro.

Cuando estamos despiertos, somos una mezcla de consciente y subconsciente. Cuando estamos durmiendo somos subconsciente puro. El subconsciente es la parte de nuestra mente que nunca duerme.

Ese mundo subconsciente es independiente a nuestro pensamiento; es autónomo y se rige por su propio juego de creencias. Es como tener otro yo dentro de usted, donde en algunas cosas consciente y subconsciente están de acuerdo y en otras no.

La importancia del subconsciente y la salud

El subconsciente está a cargo del cuerpo físico. Es el sistema independiente que regula la respiración, el fluir de la sangre y otras funciones vitales.

Cada 90 minutos durante el sueño, la mente alcanza un estado de profunda relajación casi de inconsciencia. En ese período de aproximadamente 15 minutos, la mente produce las medicinas naturales para sanar el cuerpo y tonificar los diferentes tejidos. Cuando una persona duerme bien se refleja en su salud, en su estado de ánimo, en su belleza. En el caso contrario, es notable el deterioro físico y emocional de las personas que duermen mal. De ahí viene el famoso dicho que dice que "la belleza está en el sueño".

El subconsciente es el encargado de sanar el cuerpo físico en los momentos de mayor profundidad del sueño.

El conflicto entre consciente y subconsciente

El subconsciente se moldea en la niñez; en esa época el subconsciente adquiere un conjunto de creencias que influyen en las emociones y reacciones de la vida adulta.

Noten ustedes que los recuerdos de las niñez a veces parecen como sueños; no tenemos la capacidad de recordarlos con precisión. De hecho, no podemos recordar casi nada de nuestra niñez temprana; como en los sueños. Y la razón es porque en la niñez se desarrolla el subconsciente y cuando crecemos la consciencia sumerge esos recuerdos.

Con la adolescencia llega la consciencia y sus cambios naturales. Pasar del mundo ingenuo, emocional, optimista, a un mundo lleno de rebeldía, inconformidad y angustia, es tal vez una de las mayores transformaciones en la vida del ser humano. El proceso de entrar a la adolescencia es progresivo y a veces no nos damos cuenta de los cambio que experimentamos; nuestros padres si lo sienten ya que ellos son los primeros que necesitan cambiar en su modo de educar a sus hijos.

El paso de adolescente a adulto también es progresivo. La mente del adulto se forma en su totalidad a los 25 años. Es importante comprender a los jóvenes adolescentes y sus retos. Su cerebro está cambiando, su mundo, sus reacciones, sus preferencias, sus creencias y sus amigos.

El mayor obstáculo para que un adolescente se pueda convertir en adulto son sus padres. Por eso la rebeldía natural de los jóvenes contra las figuras de autoridad que le impiden desarrollar su mundo consciente. Los padres enfrentan retos en ese período de la educación de sus hijos, el primero de ellos es entender que hay que colaborarles a los hijos para que se conviertan en adultos de la mejor forma posible.

Con el llegar de la consciencia, comenzamos a convivir con dos mundos interiores. El mundo consciente y el mundo subconsciente. El centro de comando del primero reside en el neocortex, en el intelecto. El segundo reside en el cerebro límbico, el centro del instinto y las emociones.

Entender esta realidad es un reto importante; todos los seres humanos tenemos el equivalente a dos yo. El Yo Consciente administrado desde el intelecto; el Yo Instintivo administrado desde el instinto y las emociones.

El Yo Consciente está activo mientras estamos despiertos. Se apaga al acostarnos y se reactiva al despertarnos. Durante el día está mayormente en control del Yo Consciente, a menos que necesitamos de nuestros instintos y emociones ante una reacción de peligro.

El Yo Instintivo es parte de nuestro mundo subconsciente. Está activo todo el tiempo y en control del cuerpo durante el sueño. Para entender y madurar el Yo Instintivo necesitamos acceso al mundo subconsciente; donde reposan nuestras memorias emocionales.

En ciertos momentos de nuestra vida podría ocurrir que el Yo Consciente y el Yo Instintivo tuvieran prioridades opuestas. Estos desacuerdos entre ellos traen consigo la falta de pasión y la ausencia de acción determinada para conquistar nuestros sueños.

Voy a explicar en detalle como opera este conflicto y de que forma puede estar afectando nuestra capacidad de lograr el éxito que queremos.

Temporalmente voy a asociar el Yo Instintivo con el subconsciente; digo temporalmente porque mas adelante en el libro explicaré otra fase de nuestro mundo subconsciente.

Podría pasar que conscientemente alguien tenga un gran sueño que quiera hacer realidad, pero subconscientemente le parezca mala idea. Esta dualidad ocurre porque el subconsciente podría creer que de hacerse realidad ese sueño, traería sufrimiento y angustia. Y aunque conscientemente la persona anhele la consecución de ese sueño, el subconsciente no lo quiere; lo considera un "peligro" muy grande.

Un ejemplo podría ayudar a clarificar este punto.

Supongamos que una persona ha trabajado por años de empleado en una fábrica y conoce perfectamente como desarrollar un producto que lo haría millonario. La persona conoce el negocio, el producto, el mercado y tiene los contactos para iniciar el negocio.

Esa idea de negocios podría hacerlo millonario y así hacer realidad muchos de sus sueños. Conscientemente la persona tiene claro lo que quiere y sabe que lo puede hacer.

Al mismo tiempo, allá adentro en los confines del mundo subconsciente, se vive un razonamiento totalmente diferente. En el subconsciente hay un recuerdo de la niñez que sabe las consecuencias negativas que podría acarrear una iniciativa como esa.

El subconsciente recuerda el día que su padre llegó a la casa llorando porque no tenía con que cubrir el monto del arriendo de la casa y los iban a desalojar. El negocio de su padre no andaba bien y el dinero no alcanzaba. En ese día tan importante de su niñez, su padre le dijo que nunca fuera a cometer el error de tener un negocio propio. Y ese recuerdo quedó grabado bien adentro en las memorias emocionales, donde no hay acceso consciente.

Subconscientemente esta persona cree que el sufrimiento que puede traer un negocio propio es muy grande y por tanto esa idea de empezar una empresa no es bienvenida.

Debida a esta situación la persona no toma acción. Se pasa la vida hablando del negocio, pensando en el, analizándolo por todos lados, proyectando todo tipo de pensamientos negativos, que le impiden moverse con la pasión necesaria para hacer su sueño realidad.

Al no haber un acuerdo entre los deseos conscientes y las creencias subconscientes, la acción y la pasión se apagan obstaculizando nuestra capacidad de lograr nuestros sueños.

Esta realidad explica el hecho de que tengamos sueños claros que queremos mucho, pero que no hacemos nada por conseguirlo. Al existir un conflicto entre los dos niveles de la mente, el resultado final es la falta de acción.

También puede pasar que aunque la persona tome acción para cumplir su sueño, ante los primeros fracasos decida retirarse del proyecto. En ese caso el subconsciente alerta sobre un posible potencial dolor que se va a repetir y anula la motivación y el entusiasmo; o peor, se pone negativo y escéptico. Y en ese caso cualquier excusa es buena para parar el proyecto.

Es muy común ver esta circunstancia en las personas que no están acostumbradas a vender y entran en los negocios de multinivel. Para comenzar el negocio les ofrecen los productos a sus familiares y amigos, porque tienen la falsa creencia de que ellos no les van a rechazar porque los quieren mucho. Cuando comienzan las negativas y el escepticismo de los seres queridos, surge un dolor natural y el subconsciente procesa esa información y automáticamente actúa para evitar que la exposición al dolor continúe. El resultado de esta acción es la desmotivación para continuar con el negocio. Por eso un alto porcentaje de las personas que ingresan a estos negocios se retiran antes del primer año.

El subconsciente está directamente conectado al mundo emocional del que hablamos en el capítulo anterior. Es función de subconsciente mantener las alertas emocionales y protegerle de los "peligros" del mundo.

El miedo al fracaso

Cada persona es un mundo distinto, pero quiero explicar una situación muy común en la vida de las personas, la cuál es el miedo al fracaso.

¿Que es lo malo que tiene fracasar? A pesar de que nos digan que los fracasos son el camino al éxito, nadie quiere arriesgarse a fracasar. La razón principal es porque fracasar duele.

Cuando estábamos niños y fuimos creciendo, aprendimos a punta de castigos y reprimendas de nuestros errores. Si usted recordara bien, notaría cuán dolorosos eran esos castigos. Así que muchos aprendimos que equivocarse tenía un precio muy caro. Y lo reforzamos en el colegio; traer malas notas tenía sus consecuencias serias en aquella época.

Los castigos son una forma de educación común; mayormente nuestros padres los usaron para educarnos correctamente. Pero tienen sus efectos secundarios; gracias a los castigos sentimos dolor y por ende nuestra mente emocional tiene esos recuerdos grabados de la infancia. Por tanto todo aquello que represente errores, equivocaciones o fracasos, están asociados en la mente emocional de muchas personas al dolor.

Si usted fue de los que le castigaban diciéndole que si se portaba mal no lo iban a querer más; y cuando lo hizo le dijeron que por portarse mal ahora no lo quería; entonces usted tiene una asociación emocional del fracaso con la pérdida del amor de sus seres queridos. Para las personas con esta memoria emocional, fracasar es el peor de todos los escenarios. Y la mente subconsciente va a hacer todo lo que esté a su alcance para prevenir que usted pase por ese dolor tan grande otra vez, el cual es perder el amor de sus seres queridos por culpa de sus errores.

Por tanto por mucho que usted quiera por ejemplo ser millonario, las emociones que despierta su mente subconsciente son las necesarias para mantenerlo alejado de ese peligro. Y de esa forma usted no actúa consistentemente con sus sueños.

De ahí que la mayoría de las personas prefiera la "seguridad" de un empleo fijo, ante el riesgo de abordar una empresa en la que pueda fracasar. El sistema educativo actual, condiciona a los niños a crecer con el miedo a fracasar y cuando son adultos buscan la estabilidad del empleo. A mi parecer esa es una de las razones por las cuales el mundo está en crisis económica, pero eso es tema de otro libro.

Mientras su subconsciente no esté motivado en la misma dirección de sus sueños y anhelos, usted experimentará una falta de congruencia entre sus deseos y sus acciones. En algunos casos se volverá negativo y en muchos otros desistirá de sus sueños al primer inconveniente que se presente.

Un conflicto con su subconsciente es el bloqueo más grande que existe para que sus sueños se hagan realidad.

El subconsciente y la ruta a la mente emocional

El subconsciente es el sistema de acceso a la mente emocional. Si podemos acceder a nuestro subconsciente, podemos reprogramar y madurar eso recuerdos emocionales que tanto nos han afectado toda la vida.

Accediendo al subconsciente de forma controlada, tenemos la capacidad de entender mejor nuestras reacciones emocionales, nuestras creencias del pasado y nuestros traumas de la niñez.

La información que se pueda encontrar en el mundo subconsciente acerca de nosotros mismos, nuestras creencias y reacciones, es casi ilimitada. Nos podemos pasar la vida hurgando en esos recuerdos y memorias; la buena noticia es que solo necesitamos acceder a aquellos que están afectando nuestro presente.

Ingresando al reino del mundo subconsciente, tenemos la ventaja de poder influir positivamente en nuestros comportamientos automáticos. Si logramos entusiasmar a nuestro subconsciente sobre cualquiera de nuestras metas, despertaremos una pasión y una determinación nunca vista.

Como acceder al reino del subconsciente

Los momentos naturales mas importantes para conectarse con el subconsciente, son exactamente antes de dormirse y justo al despertarse.

Cuando estamos a punto de dormir, podemos aprovechar para realizarnos preguntas relevantes sobre nuestra vida; esas preguntas quedaran disponibles para que el subconsciente continúe en la consecución de sus respuestas.

Una técnica que recomiendo es escribir en un diario, justo antes de dormir, preguntas significativas acerca de los comportamientos que no entendemos de nosotros mismos o sobre cualquier tema del que no tengamos una respuesta clara. Luego esperemos con paciencia que en los siguientes días la respuesta llegará a través del sueño. Y esa respuesta se manifestará automáticamente en nuestro mundo consciente.

El poder creativo del sueño se potencia cuando usted se hace las preguntas adecuadas. Un día cualquiera en un segundo, le llegará la solución a sus preguntas como un rayo de luz.

Una segunda técnica que recomiendo es utilizar nuestra voz para reprogramar nuestro subconsciente. Antes de dormir escuche una grabación con mensajes positivos acerca de su presente inmediato. La grabación debe ser realizada por usted mismo, con su voz natural.

El segundo momento importante para acceder al subconsciente es al levantarse. En esos segundos siguientes refuerce una idea positiva sobre usted mismo, para conectar el consciente y el subconsciente en la misma imagen.

Durante el sueño, la mente subconsciente está fuera de control; todo el poder creativo y sanador de la mente subconsciente, flota a su antojo dentro de ese mundo sin un rumbo específico, sin un propósito específico.

La mejor manera de utilizar ese poder del sueño, es accediendo controladamente al mundo subconsciente. Para ello utilizamos una forma de meditación adaptada para este propósito. Esta forma de meditación tiene unos componentes básicos:

1. Mantener los ojos cerrados durante la meditación.

2. Utilizar música suave sin voces.

3. Realizar tres ciclos de respiración profunda antes de empezar.

4. Visualizar un viaje a lo más profundo de su mundo subconsciente. Ese mundo debe ser visualizado como su propio reino mágico y creativo.

5. Para ingresar a ese reino utilice un protocolo de entrada y uno de salida siempre igual.

6. En el reino debe existir un lugar cerrado y seguro, donde usted podrá realizar actividades creativas para potenciar la salud de su cuerpo y despertar la creatividad y la pasión.

7. Este poder del mundo subconsciente solo puede ser utilizado para propósitos positivos.

8. Al terminar la meditación, anote las conclusiones de su experiencia en un cuaderno.

9. Realice una meditación al menos tres veces a la semana, para que la mente vaya practicando mantener el control en el mundo subconsciente.

10. Una meditación de 10 minutos es suficiente para incrementar el poder de su mente significativamente.

En el seminario vivencial Yo Positivo, disponemos de varias horas para construir este mundo interior y automatizar el protocolo de entrada y salida. Enseñar esta técnica en detalle no es el propósito de este libro pero los lectores pueden bajar una meditación de ejemplo ingresando a www.yopositivo.com, registrándose como miembros del website y descargando el archivo Meditación de obsequio para los lectores del libro Yo Positivo.

Nota: Para realizar meditaciones de este tipo, usted debe estar libre del efecto de drogas o alcohol. Si usted está bajo tratamiento siquiátrico, necesita pedir autorización de su médico para realizar estos ejercicios.

Porqué la meditación influye en el subconsciente

El lenguaje natural del cerebro son las imágenes. Nuestra mente reacciona a las imágenes que se producen como consecuencia de los estímulos de nuestros sentidos.

Aún cuando estamos soñando, nuestra mente reacciona a las imágenes y produce movimientos físicos y emociones con base en los estímulos del sueño.

Cuando hemos accedido al subconsciente a través de meditaciones con la técnica explicada anteriormente, tenemos la capacidad de escuchar y hablar a nuestro subconsciente.

Esta comunicación se estimula utilizando el canal primario de los sentidos de cada persona. Algunas personas van a poder visualizar estas escenas guiadas en el mundo subconsciente a través de la meditación; otras podrán escuchar las vivencias, pero las verán con dificultad; y otras podrán sentir la experiencia como si fuera real.

Para los propósitos de este libro, recalco que la función principal de esta técnica de meditación es poder escudriñar en nuestro pasado, en nuestras memorias emocionales, en nuestro subconsciente, las razones de nuestros pesares, las creencias de la niñez. También aprovecharemos esta técnica para la reeducación consciente de esos momentos del pasado.

Dado que la memoria emocional que alerta a la amígdala de un situación de peligro se encuentra en ese mundo subconsciente, podemos revisar en nuestras memorias del pasado las razones y creencias en la que se fundamenta esta alarma. De esa forma tendremos la capacidad de reeducar nuestros recuerdos y proceder a reaccionar con madurez y mesura, ante ciertos eventos de nuestra vida.

La técnica completa para reprogramar nuestras memorias emocionales, la explicaremos en los siguientes capítulos.

Como resolver los conflictos del consciente y el subconsciente

Liderar y motivar nuestra subconsciente es la herramienta más poderosa para liberar la pasión, el enfoque y la capacidad de acción.

A través de la meditación podemos acceder a nuestro mundo subconsciente y hurgar en el pasado las causas de nuestros miedos y temores.

La forma correcta de hacerlo es hacernos preguntas honestas y conscientes acerca de nuestros comportamientos. Si usted no ha logrado lo que se propone, pregúntese ¿a que le tiene miedo? ¿Que está bloqueando su capacidad de acción? ¿Que necesita aprender para desarrollar su potencial?.

Luego realice una meditación, ingresando al mundo subconsciente y buscando en el pasado las respuestas a sus preguntas.

Para hurgar el pasado le sugiero construir en su mundo subconsciente, un sitio para realizar sus actividades de la mente. Ese sitio puede ser una casa, un laboratorio, una mansión, un palacio, o cualquier estructura que a su gusto le represente comodidad y seguridad.

Una vez que haya elegido ese sitio, coloque en un su interior un cuarto donde reposan todas las memorias emocionales del pasado. Cada memoria podría estar almacenada en un video disco, con los detalles perfectos de los hechos ocurridos en su niñez que fueron relevantes para usted. Cada video disco incluirá las personas que participaron y los sentimientos que le llevaron a nunca olvidar lo que ocurrió. Enfóquese en comprender las decisiones que usted tomó en ese momento.

Una vez que haya podido recordar lo que pasó y comprender cuáles son los dolores del pasado y sus miedos actuales, es su trabajo reconstruir esos hechos y enfocarlos con madurez. Mayormente los hechos y circunstancias que rodearon esos momentos, fueron interpretados por usted cuando era un niño. Su juicio y capacidad de comprensión en aquél momento, estaban subdesarrollados y usted debe reconsiderar sus decisiones de ese momento. Ahora que ya es adulto, tiene la capacidad de entender mejor las cosas.

A partir del momento que usted detecte cuál es la razón de su dolor, madure sus creencias, infúndase ánimo y lidere su subconsciente a crear una nueva consciencia.

Aparte de la técnica de las meditaciones, usted puede usar las grabaciones con su propia voz antes de dormir para influir positivamente en su subconsciente.

En el próximo capítulo vamos a introducir una mejora significativa, a la forma como vamos a acceder el mundo subconsciente.

La historia de Yolanda

Yolanda es una de las mejores vendedoras que he conocido. Extrovertida, con gran capacidad para escuchar, simpática y profesional.

Gracias a sus habilidades naturales había logrado alcanzar muchos premios por ventas y hacer buen dinero.

Sin embargo cada vez que Yolanda llegaba a la cumbre y alcanzaba sus sueños, procedía a comportarse de forma ilógica. Posterior a su éxito, ofrecía un patrón de conducta que destruía su vida.

Yolanda comenzaba a consumir licor, llegar tarde al trabajo, gastar demasiado, desatender a sus clientes y se volvía conflictiva y negativa. El mismo patrón se presentó una y otra vez en cada trabajo y en la universidad cuando era estudiante.

Ni ella misma se entendía. Cuando Yolanda decidió cambiar su vida y encontrar la causa de su comportamiento, puedo entender lo que le estaba ocurriendo.

Accediendo a sus memorias emocionales con la técnica explicada en este capítulo, Yolanda pudo recordar momentos de su infancia que le fueron muy reveladores.

Cuando Yolanda era una niña entre 8 y 12 años, vivió con su padrastro. Su padrastro no le quería mucho, era un hombre que aparentaba una cosa frente a la madre de Yolanda y otro cuando estaba solo con la niña. A pesar de que Yolanda le explicó a su mamá lo que estaba pasando con su padrastro, su madre siempre pensó que eran cosas de niña.

Una de las acciones frecuentes que el padrastro de Yolanda realizaba para amargarle la vida, era ofrecerle a Yolanda los mejores premios si traía buenas notas del colegio. En una de muchas ocasiones, el padrastro de Yolanda le ofreció una muñeca especial si traía las mejores notas de la clase.

Yolanda se esforzó al máximo ese bimestre y gracias a sus habilidades naturales y su disciplina, logró el primer puesto en su clase. Su padrastro le compró la muñeca y Yolanda no lo podía creer de la felicidad. Por una noche fue la chica más feliz del mundo, la envidia de todas sus amigas.

A la semana siguiente, con la menor excusa, su padrastro la regañó y la castigó quitándole la muñeca y devolviéndola a la tienda donde la compró. Le dio como razón que ella era una niña mala y que tenía que aprender a ser una niña buena. Ese mismo tipo de comportamiento se repitió una y otra vez durante la infancia de Yolanda, en numerosas ocasiones.

Yolanda asoció emocionalmente cuando era una niña, que podía alcanzar todo lo que se propusiera. Grabó también en su memoria emocional, que los premios producto de su esfuerzo le iban a ser despojados en cualquier momento sin una razón lógica. Y esas pérdidas de los juguetes que ella más había amado y merecido, eran muy dolorosas.

Su mente emocional tenía asociado el éxito a un dolor garantizado de perder los premios que había logrado.

Siendo adulta Yolanda lograba sus premios con facilidad. En el momento que el premio aparecía, la mente subconsciente de Yolanda asociaba el premio con los juguetes de la infancia. Asociaba el tener ese premio con el dolor de perderlo, tal como pasó tantas veces cuando era niña.

Para proteger a Yolanda del dolor de que le fueran arrebatados sus premios, y por ende volviera a revivir sus dolores de la niñez, la mente subconsciente boicoteaba los premios y le inducía a dilapidarlos lo antes posible para evitar la posible pérdida de sus logros y el dolor asociado.

Cuando Yolanda logró entender su comportamiento, procedió a motivar su subconsciente de la forma correcta. Grabó un audio con su propia vez que decía lo siguiente:

"Yolanda, te felicito por haber alcanzado este éxito y este premio los cuáles tienes derecho a disfrutar y gozar porque te lo mereces.

Ahora comprendo la causa de estos miedos tan grandes que has vivido por años. Estos miedos han llegado a su fin y en adelante tienes la capacidad de actuar en la dirección correcta, triunfar, mantener tus premios y continuar llevando una vida feliz.

De ahora en adelante y por siempre, podrás mantener tus premios. Los protegeras y cuidaras y tuyos serán por siempre.

La vida ha cambiado, ya tu padrastro no está aquí, eres libre y tienes poder sobre tu vida. Es tiempo de disfrutar esta nueva realidad, es tiempo de vivir y ganar. Sé un éxito, entrégate a ser la mejor con pasión y mantén tu fé viva.

Felicitaciones Yolanda, has hecho un buen trabajo.

Te amo."

Yolanda escuchó ese audio por noventa días, todas las noches antes de dormir. Al mismo tiempo memorizó el mensaje que había grabado y lo repetía en sus meditaciones.

Aún después de haber superado su reacción condicionada, sintió un miedo muy grande de perder todo lo logrado. Esta vez recordó las palabras de su mensaje, y reaccionó conscientemente de forma positiva a ese estímulo negativo. Yolanda había superado para siempre el escollo que no le permitía triunfar y ser feliz. Yolanda logró superar sus conflictos entre el consciente y el subconsciente, y pudo disfrutar de sus premios para siempre.

CAPÍTULO 4

❧ La marca imborrable de la niñez ❧

El niño que fuimos un día, continúa viviendo con nosotros en nuestra vida adulta.

Los recuerdos de nuestra infancia viven en nuestro interior. Muchos de esos recuerdos son tan solo memorias que podemos recordar normalmente; otros fueron grabados en momentos de mucha felicidad; y otros quedaron impregnados en nuestra mente debido a su impacto negativo.

Los recuerdos de los momentos más traumáticos de nuestra infancia son grabados en la memoria emocional. Quedan en el inventario de situaciones del pasado que requieren máxima atención en caso de que pudieran volver a ocurrir.

El cerebro humano produce una sustancia química en los momentos de alta tensión llamada norepinefrina. Esa misma sustancia es la que facilita la grabación de los recuerdos emocionales en la amígdala. Una vez que el momento de alta tensión ha pasado, la norepinefrina se diluye del cerebro. Durante ese proceso, la situación que rodeó el momento de alta tensión queda grabada en la amígdala gracias a la existencia de la sustancia norepinefrina.

Cuando niños grabamos muchos de esos momentos traumáticos y luego con la adolescencia los sumergimos en el mundo subconsciente. Pensamos que esos momentos del pasado ya están superados porque no los recordamos. Esa es una creencia equivocada. Esos recuerdos están disponibles en la mente y son utilizados como alarmas para activar las acciones requeridas y protegernos de los potenciales sufrimientos que podrían acarrearnos.

Con más frecuencia de lo que parecería, tenemos reacciones infantiles. Las creencias sobre nosotros mismos o sobre la vida que adquirimos cuando niños, podrían continuar intactas; estas creencias son infantiles y nos hacen reaccionar como niños.

Lo que voy a explicar a continuación está relacionado con el concepto de madurar, de volvernos adultos.

Las fantasias infantiles y su injerencia en el autoestima

La interpretación que un niño hace de las situaciones que rodearon los momentos traumáticos del pasado, es infantil. Muy posiblemente la valoración de esos hechos está equivocada. En su caso, ese análisis fue realizado por usted cuando era niño y su mente aún no estaba desarrollada.

Los niños viven un mundo de fantasía. Cuando yo era niño estaba seguro que Batman existía y a veces preguntaba cómo se podía ir a Metrópolis. La mente de los niños es pura fantasía; por eso Disney World es el reino de la fantasía, porque esta hecho para niños.

Recuerdo cuando mi hijo mayor fue por primera vez a Disney World y se abrazó con Mickey Mouse. El ya tenía 8 años y me habló después de esa experiencia diciéndome:

> *"Papi, hasta hoy yo estaba convencido que Mickey Mouse era una persona con un disfraz encima, pero me acabo de dar cuenta que era de verdad!"*

Para ellos las fantasías son el lenguaje natural de su mente.

Y en medio de esas fantasías, es que se realizan los juicios de lo que está ocurriendo alrededor de un niño. Cuando llega un momento difícil, los niños no razonan como nosotros; lo hacen como niños. Y lo que sea que haya ocurrido, queda grabado inmediatamente en su memoria emocional. Si el recuerdo es muy intenso, queda grabado para siempre.

Una serie sucesivas de emociones no tan intensas pero frecuentes, produce el mismo efecto.

Por eso es tan importante cuidar lo que le decimos a los niños con frecuencia. Veo muchos padres estimulando negativamente a sus hijos con el propósito de controlarlos. A veces por la misma angustia de no conseguir que los niños hagan lo que los padres quieren, les expresan adjetivos negativos sobre su forma de ser o su personalidad.

Lo que los padres expresen de sus hijos en forma verbal o física, es lo que ellos creen que son. El autoestima de un niño está directamente relacionada a lo que sus padres les digan que ellos son.

Si un padre está constantemente ofendiendo y criticando a su hijo, está formando un niño con unas creencias negativas hacia sí mismo. En el caso contrario, si un padre elogia y alaba a su hijo, lo está formando con un concepto alto de sí mismo.

Esa imagen que tienen los niños de sí mismos, acompaña al ser adulto toda la vida. Si la imagen que los padres construyen es positiva, el niño crece libre de temores y dispuesto a arriesgarse a cumplir sus sueños y metas.

Pero si esa imagen es negativa, el adulto tiene diferentes tipos de sufrimientos emocionales que afectan su comportamiento adulto.

No podemos calificar la imagen que tenemos de nosotros cuando éramos niños solo en positiva o negativa. En algunos aspectos es positiva y en otros es negativa.

En especial es importante poner atención a recordar cuánto creíamos nosotros que valíamos para nuestros seres queridos; si sentíamos que para nuestros padres, nuestros sentimientos y necesidades eran importantes o no; si para ellos nuestra opinión y nuestros deseos eran importantes o no; si para nuestros profesores, nuestros valores y fortalezas eran importantes o no.

El tipo de relación que mantuvimos con nuestros padres en nuestra niñez, tiene una relación directa e importante con nuestra vida adulta. Muchos de los recuerdos emocionales que hoy afectan nuestro comportamiento, fueron grabados en momentos que tuvimos experiencias negativas en la relación con nuestros padres.

Los padres juegan un papel importante en la imagen que tenemos hoy de nosotros mismos y por ende de nuestra autoestima. Al igual la formación que recibimos en el colegio tiene un papel primordial.

Nuestro sistema educativo está fundamentando en dar una gran importancia a las calificaciones de los niños en materias donde se utiliza el lado intelectual del cerebro., como matemática, ciencia, historia, geografía, etc. Para los niños que tienen el lado intelectual del cerebro mas desarrollado, es fácil obtener buenas calificaciones y así mismo las felicitaciones y el reconocimiento de sus padres y profesores. ¿Pero que pasa con los niños que tienen más desarrollado el lado artístico? Pasan un gran trabajo en la escuela, son incomprendidos y muchas veces señalados como incapaces.

Nuestro sistema educativo es injusto con los niños que tienen inclinación por el lado artístico. Nuestra fase artística juega un papel primordial en el manejo de las emociones y de nuestra capacidad para ser felices. El arte es sanador, relajante, trae sensaciones placenteras y mejora la salud en el largo plazo.

El ambiente familiar, el ambiente escolar y los amigos, tejen una imagen de quién éramos cuando niños. Esa imagen nos acompaña toda la vida. Es importante tener en cuenta que esa imagen es el producto de las fantasías de un niño y que es nuestra responsabilidad madurar y mejorar esa imagen, cuando ya somos adultos.

Independientemente de las situaciones que vivimos cuando niños hay una realidad que es importante reconstruir en la vida adulta. Todos los seres humanos somos igualmente importantes, todos fuimos amados cuando niños y todos merecemos ser felices. Esta afirmación podría ser intelectualmente aceptada y emocionalmente rechazada. Si ese es el caso, hay un desacuerdo entre su consciente y su subconsciente, que necesita ser madurado.

El subconsciente representado por el niño que fuimos

El concepto del niño interior en sicología es antiguo. La medicina lo ha utilizado por años para explicar muchos comportamientos de los adultos.

Recientemente un vídeo muy famoso llamado El Secreto, enunciaba que todo aquello que pensamos sostenidamente se hace realidad. Explicaba que dentro de nosotros hay un mago que puede hacer nuestros sueños realidad.

Ese mago es el subconsciente. El reino del mundo subconsciente es el reino de ese mago.

Nuestro gran poder interior reside en ese mundo subconsciente.

Si las creencias que esa mente subconsciente tiene sobre la vida son negativas, vamos a ir reproduciendo eventos negativos una y otra vez. Ese gran poder del subconsciente funciona para bien o para mal. Si el subconsciente tiene creencias negativas acerca de la vida y de sí mismo, esa es la realidad que se va a reproducir en el mundo físico.

Para acceder con mayor profundidad a la mente subconsciente, al reino del mago, utilizaremos la imagen de nuestro niño interior.

El cerebro reconoce al niño interior como la puerta de acceso al mundo subconsciente. Ese niño que un día fuimos, representa la imagen que puede acceder a los sentimientos almacenados en la memoria emocional, a las creencias profundas que rigen nuestras vidas, al poder del mago interior y las funciones básicas de nuestra salud.

Hay una razón física para que este comportamiento se dé. La parte del cerebro que está más desarrollada durante la niñez, es el cerebro límbico; donde se encuentra la amígdala. Por tanto nuestra imagen de la niñez tiene una asociación potente con la parte del cerebro que teníamos bien desarrollada en ese momento. El niño interior vive en el mundo subconsciente.

Utilizando la imagen del niño que un día fuimos, podremos lograr un nivel de acceso potente a nuestro mundo subconsciente.

Utilizando meditaciones para acceder al mundo subconsciente

Combinando las meditaciones que explicamos en el capítulo anterior con la imagen de nuestro niño interior, tendremos acceso sin precedente a nuestro mundo subconsciente.

Para desarrollar esta técnica es requerido establecer contacto con la imagen de ese niño que un día fuimos. Al ingresar a nuestro mundo subconsciente y establecer una relación de comunicación con nuestro niño interior, destapamos la vía expedita para reprogramarnos positivamente.

Voy a recalcar que establecer este contacto podría tomar tiempo para algunas personas. A veces son requeridas varias meditaciones antes de poder visualizar la imagen de ese niño. Una vez que usted lo la ha logrado, es importante mantener un contacto respetuoso y amoroso con ese niño interior.

Si cuando usted era niño, sintió que le faltó amor, comprensión y protección; visualícese en esa meditación proveyendo a ese niño de todos esos sentimientos. Tal vez esa experiencia sea la primera vez que usted se dé a sí mismo el amor que tanto había esperado de otros.

En esas meditaciones pregunte a su niño interior acerca de sus comportamientos, miedos, dolores, angustias, deseos, necesidades. Escuche las respuestas. A veces no van a haber respuestas, solo silencios. Pues acepte los silencios y sea paciente. Con la práctica su niño interior le traerá las respuestas que usted ha estado buscando.

En el seminario vivencial Yo Positivo practicamos esta técnica de acceso al niño interior, para poder encontrar las causas mas profundas y ocultas de los comportamientos que no podemos entender sobre nosotros mismos. Las meditaciones del seminario son especialmente dirigidas para lograr el mayor provecho de cada encuentro.

La historia de Mario

Mario era un trabajador compulsivo. Era conocido por ser incansable, estricto, buscador de la perfección. Con su estilo había atropellado mucha gente, había causado mucho sufrimiento y al mismo tiempo conseguido mucho éxito.

A pesar de sus logros, había un vacío en su corazón y no sabía porque. Buscó ayuda por todos los medios conscientes posibles. Tratamiento sicológico, libros, consejos de familiares y amigos. A pesar del esfuerzo su comportamiento seguía casi igual.

Utilizando las meditaciones pudo entrar al mundo de la mente subconsciente y hacer contacto con su niño interior. Ese día Mario tuvo una de las experiencias más transformadoras de su vida.

En el transcurso de la meditación, Mario recorrió escenas del pasado que le habían marcado y habían afectado su comportamiento adulto.

No tenía recuerdo consciente de esos momentos porque su mente lo protegía del dolor de esos recuerdos. Habiendo ingresado al mundo subconsciente, tenía una capacidad aumentada de buscar en su pasado con claridad.

Al inicio de su meditación tuvo un contacto directo con el niño que el fue. Le pudo ver con claridad, como vestía, que sentía, sus miedos y sus deseos. La realidad de la meditación era tal, que podía describir adornos de la casa donde fue educado y la imagen física de las personas que vivían con el.

Este es un relato de los acontecimientos que vivió Mario en su meditación:

> *"... el niño me llevó hasta una escena que se celebró en la casa de mis abuelos. Era adentrada la noche, cuando mi padre entró con tragos a mi cuarto y me pidió que me vistiera y que fuera al comedor donde el estaba oyendo música con sus amigos. Antes de salir me pidió que trajera mis calificaciones del colegio.*
>
> *Yo tenía unos 9 años.*
>
> *Llegué a un comedor especial que había en la casa de mis abuelos; ahí estaban los amigos de mi padre ya pasados de tragos, pero muy felices y animados. Mi padre me pidió que leyera en voz alta los resultados de mis calificaciones.*
>
> *Yo era un alumno aventajado en el colegio, sobresaliente por mi comportamiento académico. Así que empecé a leer: Aritmética 5 (5 era la máxima nota), Historia 5, Ciencias 4.5, Religión 5, y así sucesivamente... todas las calificaciones eran las mejores. Al final pasé a mostrarles a todos sus amigos la medalla que me había ganado por ocupar el primer puesto de la clase.*

Todos me felicitaron y felicitaban a mi padre por tener un hijo tan inteligente. Esa noche fue la primera vez que le escuché decir a mi padre que me amaba; claro que estaba con tragos...

Situaciones similares pude revivir una y otra vez, donde recibía elogios y amor gracias a mis resultados escolares.

Posteriormente en la meditación, pude recordar las escenas contrarias. Los regaños, amenazas y castigos ejemplares por no traer buenas calificaciones. En especial recuerdo una cuando mi padre me dejó de hablar por un mes, porque no alcancé uno de los tres primeros puestos de la clase."

Luego continúo Mario con sus reflexiones:

"Escuchando los sentimientos en esos momentos de mi niñez, me dí cuenta cuánto me había dolido que no me quisieran de la misma forma, independiente de mis calificaciones. El colegio donde estudiaba era el mas estricto académicamente de la ciudad y a veces no era fácil obtener los mejores resultados a pesar del esfuerzo. Muchas veces sentí que esos castigos eran injustos, lo cual aumentaba mi dolor.

En esa época concluí que era muy importante ser un niño destacado, de lo contrario perdería el amor de los seres que mas amaba. Peor todavía, de no ser un niño destacado podía ser castigado severamente y por tanto sentir una gran vacío de amor."

Gracias a que Mario pudo comprender estos recuerdos guardados en las memorias emocionales de su mundo subconsciente, entendió mejor su comportamiento adulto.

Mario trabajaba desesperadamente para ser el primero en todo, sin importar las consecuencias, porque subconscientemente tenía miedo de ir a perder el amor de su esposa y sus amigos si no era un profesional destacado.

Sus miedos de la niñez continuaban viviendo en el niño que Mario tenía por dentro. Y esos momentos estaban influenciando su vida adulta significativamente.

Cuando comprendió los recuerdos de su infancia, maduró como adulto.

En adelante entendió que las personas que en verdad le querían le iban a amar sin importar sus resultados profesionales. Entendió que el amor mas importante era el que el podía sentir por si mismo. Entendió que equivocarse era parte del éxito y que era más importante disfrutar la vida que competir en un torneo inexistente.

Para apoyar su proceso de cambio, Mario escribió una nota que colocó juntó a su cama y la leía todas las noches antes de dormir. Este era el contenido de esa nota:

> *"Mañana será otro día y yo seguiré siendo importante.*
> *Mañana viviré con la certeza de que soy importante a pesar*
> *de las circunstancias.*
> *Mañana estaré consciente de que mi niñez ha terminado y*
> *ahora soy un adulto libre y responsable de mis emociones.*
> *Mañana aprenderé de mis fracasos y los viviré como parte*
> *de mi vida.*
> *Mañana seré sensible a mi comunidad, mis amigos y mis*
> *familiares.*
> *Mañana seré feliz, haya perdido o haya ganado.*
> *Mañana sabré aceptarme y quererme.*
> *Mañana será otro día para disfrutar.*
> *Por hoy solo me queda descansar y agradecer.*
> *Buenas noches Mario"*

Cuando Mario tomó consciencia de que sus creencias de la infancia eran una realidad fantasiosa producto de la imaginación de un niño y reconsideró su decisión con la sabiduría del adulto, su vida cambió positivamente para siempre.

CAPÍTULO 5

❧ El camino a la raíz de los problemas ❧

Aclaración para los que son padres

Este capítulo puede ser incómodo para usted que es padre o madre. Todos los padres hemos amado a nuestros hijos hasta un punto que nuestros propios hijos no lo entienden hasta que son padres.

A los que pierden su pareja se les llama viudos, a los que pierden sus padres se les llama huérfanos, a los que pierden sus hijos no les tienen nombre porque esa pena es tan grande que no tiene nombre. El amor de un padre por su hijo no tiene medida ni explicación.

Por anticipado invito a todos los hijos del mundo a agradecer a sus padres por todos los momentos de amor, que nunca pudimos ver ni entender. Muchas veces quisimos que nuestros padres nos amaran como nosotros esperábamos, pero ellos solo podían amarnos de la forma que ellos podían, de la forma que ellos aprendieron de sus padres.

Juzgamos fácilmente a nuestros padres porque no sabemos que pasó con ellos en su niñez. Si algún día pudiéramos recorrer la infancia y los sufrimientos de nuestros padres, nos daríamos cuenta que ellos eran seres humanos falibles como nosotros. Si pudiéramos ver una película que mostrara sus sentimientos por nosotros, pasaríamos llorando mucho tiempo al darnos cuenta de cuán equivocados hemos estado en los juicios que hemos emitido sobre nuestros padres.

Ahora, los que somos padres tenemos enfrente el reto de educar esos hijos que tenemos prestados por un tiempo. Por eso es tan importante recordar nuestra infancia y comprometernos a educar nuestros hijos con sabiduría y amor. Por eso le invito a leer este capítulo con el corazón del hijo que usted es.

Siendo mejor persona usted será mejor padre. Sea esta la motivación para que usted recorra este capítulo con su corazón abierto a los cambios para bien. Este capítulo es para que usted se enfoque en su niñez. Para que usted encuentre una guía que le permita encontrar un camino a mejorar su vida.

Los padres no nacen con un manual de como educar a sus hijos. Lo hacen fundamentalmente repitiendo el comportamiento de sus padres. Si este libro puede darle una luz para que pueda mejorar la educación que su padre le dio, entonces su hijo se lo agradecerá toda la vida.

Si usted se siente criticado como padre al leer esta sección y se siente molesto o afectado emocionalmente, marque ese dolor para ser usado mas adelante en este capítulo y retome la lectura enfocado en su niñez. Los padres no somos perfectos, no tiene usted nada que temer.

La raíz de nuestros problemas

En el transcurso de nuestros días sentimos diferentes angustias dependiendo de la circunstancias que nos rodean. A veces no nos damos cuenta de cuántas emociones negativas de diferente índole experimentamos en un solo día.

Un alto porcentaje de todas esas emociones provienen de la misma raíz. Son frutas del mismo árbol. Arrancando el árbol, simultáneamente todas esas emociones negativas desaparecerán.

Para encontrar la raíz de las emociones que nos están robando la paz, pondremos atención al dolor que está causando esas emociones. Se requiere valor para encontrar ese dolor y enfrentarlo, pero es de gran importancia para su vida.

Si nos duele que nos discriminen, o que nos traicionen, o nos duele fracasar, o nos duele la soledad; entonces esos dolores son las señales que necesitamos seguir para encontrar la raíz última de la causa de nuestros sentimientos. Son los dolores emocionales la vía expedita para encontrar la raíz de nuestros problemas. No es fácil seguir este camino, pero es la vía mas corta para recuperar nuestro equilibrio. A nadie le gusta revivir y recrear dolores. A nadie le gusta siquiera pensar en el dolor. Por eso es que usted necesita ayuda para avanzar en este proceso.

Una persona por sí sola no está en capacidad de recrear ese dolor porque automáticamente su mente le va a proteger y no le dejará avanzar en esa dirección. Sin ayuda de otros, la mente no coopera en la búsqueda de estas raíces.

Para poder seguir las trazas de ese dolor usted necesita ayuda. Para eso existe la sicología, los sacerdotes, los seminarios de crecimiento personal, los amigos.

Es posible que usted tenga dificultad para hablar de sí mismo y compartir sus emociones; es posible que ni siquiera tenga una persona con quién hablar. Entonces busque ayuda; un sicólogo, un guía espiritual de su religión, un buen amigo, un familiar, un grupo de ayuda sin ánimo de lucro, una agencia del gobierno, un seminario de crecimiento personal, un vecino. Busque a alguien de su confianza y prepárese a abrirse al mundo. Cuando usted comparta sus emociones con otra persona, el camino para encontrar la raíz de ellas será significativamente más sencillo.

En nuestro seminario vivencial Yo Positivo, le esperamos con los brazos abiertos. En nuestro seminario sus penas y angustias son comprendidas y en nosotros encontrará siempre una mano amiga.

En este capítulo del libro vamos a conocer algunos ingredientes que le ayudarán a recorrer ese camino "aterrador", sin tanta angustia ni sufrimiento. Recorriendo este camino usted podrá remover las causas de una gran parte de sus males.

La importancia de la honestidad

El primer paso para acercarse al dolor de la forma correcta y evitar que la mente subconsciente nos aleje del proceso, es una dosis de honestidad extrema.

La primera razón por la que no hemos sido honestos con nosotros ni con los demás en el pasado, es porque la honestidad es dolorosa. Muchas veces vivimos de espaldas a nuestra realidad, engañándonos a nosotros mismos, para evitar el cruel dolor de la realidad.

Ser honesto consigo mismo requiere valor y coraje. Sea brutalmente honesto consigo mismo y usted encontrará en la honestidad el mejor aliado para recorrer el camino del dolor.

¿Que tanto puede perder? Dese la oportunidad de aceptar que usted es la causa de sus penas. Deje de culpar al mundo por sus fracasos y por esta vez reconozca que algo no funciona bien dentro de usted. Recuerde que este proceso es interior y nadie le está viendo; engañar está fuera de servicio en este caso, porque no hay a quién engañar. Está solo usted. Y se requiere que sea totalmente honesto.

Comience por reconocer sus errores y defectos. Ese paso abrirá las puertas hacia el camino de la libertad emocional.

Los defectos de carácter y los miedos

El primer paso en este proceso es admitir que usted es el problema, más no los demás o las circunstancias. Usted ha creado el presente que le rodea; acepte esta realidad sin señalar a nadie más.

Usted ha sufrido y ha hecho sufrir. Usted ha acertado y se ha equivocado. Y solo usted puede cambiar el curso de su vida, positivamente.

Con la consciencia de que somos los responsables directos de nuestro presente y también los que tenemos la capacidad para cambiarlo, vamos a iniciar un proceso para encontrar la raíz de nuestros sufrimientos.

Identificando nuestros defectos de carácter

Una vez que usted tenga claro este punto, es necesario hacer una lista de sus defectos de carácter. Aquello que sabemos que está mal y necesitamos corregir. Sea totalmente honesto con usted mismo cuando construya esta lista, no deje nada por fuera. Una vez que la haya terminado, subraye los 5 defectos más relevantes. Esos defectos han sido la causa de muchos de sus sufrimientos y de los que le ha causado a sus seres queridos.

En el apéndice II, usted encontrará una guía ilustrativa de los defectos de carácter más comunes. Por lo pronto tenga claro cuáles son esos 5 defectos.

Haga una segunda lista donde va a colocar los nombres de las personas a quién ha hecho daño con esos defectos de carácter. Recuerde en que momentos usted estuvo preso de esos defectos. Si es posible, busque ayuda para organizar esa lista preguntando a sus familiares y amigos.

Esa lista puede ser dolorosa de construir, pero en el largo plazo tendrá una fuerza liberadora.

Es importante para nuestra paz interior liberarnos del miedo a reconocer que hemos fallado. Sí, nos hemos equivocado y hemos dañado a otros. Muy probablemente a quiénes mas queríamos. Aceptar que somos humanos y por ende falibles, es el fundamento de aceptar nuestro presente y nuestra realidad.

Continuar fingiendo y aparentando que somos perfectos, solo roba nuestra energía y nos aleja de mejorar nuestras relaciones con los demás. Mientras continuemos negando que tenemos defectos y que gracias a ellos hemos dañado a seres que queríamos, no encontraremos paz ni solución a nuestras angustias.

Escriba una lista detallada de todas las personas a quiénes ha hecho daño. Incluya aquellas a las que usted considere que se lo merecían. Esas también cuentan.

En el Apéndice II encontrará un ejemplo de esta lista.

Identificando nuestros miedos

Los miedos nos bloquean de vivir y aprovechar cada día de nuestra existencia. Los miedos son el mayor inhibidor de nuestra capacidad de amar y prosperar. Los miedos reposan en nuestro interior, modificando nuestro comportamiento, haciéndonos esclavos del pasado.

Son los miedos un ancla muy grande para poder navegar en los mares del éxito. Y muchos de esos miedos están escondidos, invisibles, ocultos.

El paso a continuación es tan solo el primero de una cadena de acciones orientadas a remover esos miedos de su interior.

Ahora escriba una tercera lista con sus miedos más grandes. Hágalo con total honestidad. Excluya los miedos a situaciones físicas como la mordedura de culebras o las alturas. Elija solo sus miedos emocionales.

En el Apéndice II encontrará una lista de los miedos mas comúnes.

Identifique todos los miedos que usted tenga. Agregue a esa lista mas miedos si fuese necesario. Sea exigente y honesto, escriba una larga lista de miedos.

Identificando el dolor que es la raíz de nuestras angustias

Ahora observe como esos miedos esconden detrás de ellos la posibilidad de un gran dolor emocional. Le voy a dar algunos ejemplos que le pueden ilustrar mejor.

Si usted tiene miedo a la traición es porque no quiere sentir el dolor que significa ver como alguien que usted amaba con todo su corazón, a quién nunca hubiera hecho daño alguno, se confabula con otras personas para hacerle daño. Ese dolor es tan grande, que usted no quiere sentirlo y por eso siente miedo a vivirlo.

Si usted tiene miedo a la soledad es porque no quiere sentir el dolor que significa vivir sin ser amado. Tal vez usted pasó mucho tiempo solo en su niñez porque sus padres trabajan mucho, porque no tenía hermanos, porque le castigaban con frecuencia; en esos momentos necesitaba atención y compañía y no la tuvo. Por ende no quiere revivir esos dolores emocionales del pasado. El hecho de estar solo podría disparar esos recuerdos y recrear esos dolores. Esa podría ser la causa por la que usted le tiene miedo a la soledad.

Si usted tiene miedo a fracasar es porque no quiere sentir el dolor que significa ser criticado. El fracaso es inherente a cometer errores y muy posiblemente cuando usted era niño, fue criticado y castigado con severidad cada vez que se equivocó. Tal ves sus padres fueron estrictos en su educación y a usted le dolía que le castigaran. Ahora adulto usted tiene miedo de fracasar para no exponerse a vivir esos momentos de rechazo de su niñez.

Si usted le tiene miedo a la pobreza es porque no quiere sentir el dolor de ser señalado, menospreciado. Tal vez cuando niño usted escuchó las críticas que se hacían a familiares y amigos que no tenían dinero. Tal vez usted presenció momentos en los que sus padres, familiares o amigos, se referían en términos despectivos hacia personas que estaban en dificultades económicas; y por esa razón usted no quiere que le vean de esa misma forma. También puede pasar que fueron sus padres quiénes pasaron por momentos difíciles en sus finanzas y usted les vio sufrir y llorar por culpa de la falta de dinero. En cualquiera de esos eventos, usted no quiere revivir esos dolores del pasado y le tiene miedo a la pobreza.

Si usted tiene miedo a perder su pareja, por la razón que sea, es porque usted fabricó un vacío de amor en su niñez y luego encontró que a través del amor podía calmar sus angustias. El amor que su pareja le brinda es la medicina para parar esa angustia de su niñez, de sentirse solo y abandonado. Si ese amor desaparece, entonces usted podría volver a vivir esa pesadilla que no quiere recordar. Por eso usted le tiene miedo a perder su pareja.

Estos son solo unos ejemplos de como los miedos emocionales están conectados a un dolor del pasado. Su trabajo a continuación es establecer la conexión entre ese miedo y su raíz.

Escriba una cuarta lista donde asocia cada miedo a un potencial dolor emocional. Si alguno se repite, coloque un signo más en frente de ese miedo para identificar cual es el más repetitivo.

Un ejemplo de esa lista la encontrarán en el Apéndice II.

El objetivo es encontrar el dolor que representa la raíz de sus problemas.

Utilizando la lista de los miedos, elija el miedo más grande de todos. Imagine una escena donde ese miedo se hace realidad y describa los sentimientos que podrían aflorar. Luego observe cual sería el dolor que usted sentiría en ese momento y colóquelo en esa lista.

Por ejemplo en el caso del miedo a la pobreza, que pasaría si usted llegara a quedar desempleado y perdiera su casa y sus propiedades materiales. ¿Que sentiría? ¿Cual sería el dolor que experimentaría?.

O en el caso del miedo de perder a su pareja; ¿que pasaría si su pareja le dejara por otra persona? ¿Que sentiría usted? ¿Que tipo de dolor sentiría?.

O en el caso del miedo a fracasar; ¿que pasaría si usted fracasa en un negocio y sus amigos se burlan de usted y la sociedad comienza a rechazarle? ¿Que sentiría cuando las personas que usted quiere le critiquen y le regañen? ¿Que clase dolor sentiría?.

Continúe analizando cada uno de los miedos y anote el dolor que le produce. Luego escoja de todos los dolores el más frecuente. Con ese dolor elegido, usted está en camino a resolver la raíz de sus problemas. Ese dolor es la raíz para encontrar la causa de sus angustias.

La libertad de aceptar sus defectos

Reconocer públicamente nuestros defectos nos libera de la vida ficticia de ser seres humanos perfectos, y nos trae de vuelta al camino de la libertad de ser quién somos.

Reconocer públicamente esos errores puede ser incómodo.

¿Por qué nos podría afectar que aceptemos públicamente que somos flojos, irresponsables, mentirosos, interesados, materialistas, hipócritas, crueles, negativos, rencorosos, manipuladores, agresivos, críticos, malpensados, adictos, etc? Porque hemos sido educados para ser rechazados cuando cometemos errores. Y estos defectos de carácter nos han llevado a cometer errores con los cuáles hemos hecho daño a otras personas y a nosotros mismos.

En el pasado, la crítica, el señalamiento y el rechazo, nos han dolido. Algunos de esos momentos fueron originados gracias a nuestros defectos de carácter. Volver a ser rechazados o criticados por otros, es desagradable.

Adicionalmente podemos tener miedo a perder seres queridos; tal vez pensemos que ellos nos van a dejar de querer el día que reconozcamos quiénes somos; tal vez pensemos que podemos perder nuestro status social, la imagen que los demás tienen de nosotros.

Básicamente tenemos miedo de perder la imagen que nosotros creemos que las personas tienen de nosotros. Y por eso da mucho miedo reconocer esos defectos.

Si usted quiere ser auténtico y libre; si quiere vivir sin miedo de ser usted mismo; si quiere desarrollar el valor de llevar una vida libre y potente, usted necesita liberarse de ese miedo.

La mayoría de las personas ante quién usted sea auténtico, van a reconocer el valor moral y el carácter que se requiere para ser tan honesto consigo mismo. La mayoría de las personas anhelan la libertad de ser ellos mismos, con lo bueno y lo malo; y van a valorar su honestidad.

Las personas que realmente le quieren, van a comprender que usted está haciendo este esfuerzo por mejorar como ser humano y por poder manejar mejor su vida. Es verdad que algunos van a rechazar sus expresiones de honestidad hacia usted mismo; algunos van a pensar que usted es una persona negativa; algunos se van a alejar; algunos le van a criticar; algunos van a comentar sobre usted.

Ninguna de esas personas es más importante que su paz.

Ellos no están viviendo su vida, no pagan sus cuentas y no le van a ayudar a salir de una crisis emocional. Es momento de enfocarse en usted mismo y en su paz interior. Cuando usted se sienta bien y se sienta libre, lo que los demás piensen de usted pasa a un segundo plano.

Compartiendo sus defectos y miedos

El siguiente paso es compartir esas listas con una persona de su confianza.

Hago la advertencia que este no es un momento fácil; usted va a tener miedo y se va a sentir incómodo. Es posible que usted quiera llorar y desahogarse; hágalo. Las lágrimas son la mejor medicina para el dolor del alma. Déjese llevar por sus emociones y libérese de todas estas ataduras.

Organice una reunión en un sitio privado donde pueda expresarse cómodamente.

Durante sus revelaciones sea totalmente honesto, pierda el temor a reconocer sus defectos. Hágalo con la conciencia que se liberará de la necesidad de ser perfecto o de querer aparentarlo.

Comience reconociendo sus defectos de carácter en detalle. Hágalo uno por uno y enuncie cual es su comportamiento cuando ellos afloran.

Luego describa la forma como usted le ha hecho daño a otras personas gracias a esos defectos de carácter. Diga el nombre y la relación que tenía usted con cada persona. Vaya uno por uno hasta terminar la lista.

Continúe ahora describiendo los miedos que le gobiernan. Describa en detalle el miedo y como cree usted que ese miedo podría manifestarse en su vida; ¿cuáles serían las emociones que usted sentiría en esos momentos?.

Proceda al final del proceso. Describa en detalle el dolor más grande que usted eligió. Cuente cuando ese dolor empezó, en que momento de su pasado usted lo ha experimentado, como usted se sintió en esos momentos.

En los siguientes capítulos hablaremos de técnicas puntuales para remover esos dolores de nuestro interior. Por ahora tenga claro cual es ese dolor.

Como nuestros padres influyeron en nuestras reacciones emocionales

Reflexionar sobre los condicionamientos de la infancia y el impacto en nuestra vida adulta, conlleva grandes beneficios y claridad para comprender nuestros comportamientos.

El comportamiento de nuestros padres o de las figuras de autoridad en la niñez influye directamente en nuestro comportamiento adulto. Algunos de esos comportamientos quedaron grabados en nuestra memoria emocional y están afectando nuestros sentimientos.

A continuación voy a enumerar algunas situaciones comunes en los hogares y la forma podrían estar influyendo en nuestras vidas.

Hogares con falta de afecto Físico o verbal

Cuando los padres no proveen de afecto físico y/o verbal a los niños, la percepción del mundo en la vida adulta se afecta. Los niños anhelan el beso, el abrazo, el juego, la caricia, el "te quiero hijo" y los aplausos.

Los adultos esperan lo mismo, pero en la infancia es más relevante.

Los niños también necesitan el elogio y las expresiones de admiración. En la medida que sus padres les admiren y reconozcan sus éxitos, su imagen propia se transforma positivamente. Para los niños que sus padres jueguen con ellos es el mayor honor. Para los niños el mejor amigo de juegos son sus padres. Jugar con ellos construye una relación íntima de amistad y compañerismo. Y me refiero a juegos de niños, no de adultos.

Los niños esperan esta clase de comportamiento de sus padres.

Pero muchas veces no es así. Por diferentes circunstancias de la vida, nuestros padres no tenían tiempo, nadie les enseñó a amar, no sabían como atendernos o no eran conscientes de nuestras necesidades emocionales.

Muchos padres expresan su amor a través del sacrificio, el estar atentos a las necesidades materiales de los niños y a estar presentes físicamente en los momentos importantes. Y eso es muy meritorio. Específicamente en este punto me refiero al anhelo de los niños de recibir amor físico y verbal, elogios y atención de calidad.

Y crecemos con ese anhelo insatisfecho.

Al no recibir el amor que esperábamos, crecemos con un vacío interior; un vacío que no se llena con juguetes, vacaciones, lujos o bienes materiales. Ese es un vacío de amor.

Al mismo tiempo no desarrollamos la capacidad de admirar y reconocer nuestros valores y éxitos. Crecemos con la creencia de que no valemos, que no somos importantes y que no somos merecedores de recibir el amor de las personas que nos rodean.

Estas creencias de la niñez modifican nuestro comportamiento adulto.

Cuando los niños ingresan a la adolescencia y tienen sus primeros contactos amorosos o sexuales, entonces llenan ese vacío de amor por primera vez con una experiencia que les produce mucho placer. Y en ese momento desarrollan una necesidad de continuar llenando ese vacío con amor o con sexo o con ambos.

Las posibilidades de que una persona con estas experiencias de la niñez desarrolle una adicción al sexo o al amor o ambas, son muy altas. Luego tendré una sección especial sobre la adicción al amor.

Los niños que crecieron en hogares con falta de amor físico y/o verbal, cuando son adultos necesitan la aprobación de los demás. Requieren que el mundo alrededor de ellos les alabe y tenga una buena imagen de ellos. Fácilmente quedan encarcelados en una jaula llamada "el que dirán de mí", que les priva de la libertad de ser auténticos.

Debido a este tipo de niñez, las personas no expresan su verdadero yo. Son una variación de lo que podrían ser, una adaptación de sí mismos para adecuarse a las circunstancias de los demás. Sin la libertad de ser ellos mismos, pierden su paz.

En su vida adulta son esclavos del amor, el sexo, el que dirán, los círculos sociales y las amistades.

Hogares con falta de atención a los sentimientos de los niños

En los hogares donde las reglas y la disciplina son la primera prioridad, es muy común encontrar que los niños desarrollan la capacidad de no comunicar sus sentimientos. Sus padres les educan en un régimen casi militar, donde no tienen derecho a refutar, opinar o expresar su sentir. De hacerlo pueden ser castigados, reprendidos o ignorados.

El dolor que les produce a los niños que se ignoren sus sentimientos y necesidades, les lleva a no hablar más a no pedir más. Y aunque los padres estén manteniendo estas políticas disciplinarias con la mejor intención, afectan severamente la comunicación con sus hijos.

El niño crece con la deficiencia de comunicar sus sentimientos normalmente. Pero aprende que cuando exagera o se enferma logra la atención de sus padres. Y entonces utiliza las enfermedades y las exageraciones, para conseguir la atención que no recibe de forma normal.

Cuando estos niños llegan a la vida adulta, siguen con la creencia infantil de que necesitan llamar la atención de sus seres queridos a través de las mismas formas que aprendieron en su infancia.

Son adultos que se quejan de todo, están siempre viviendo de tragedia en tragedia. Justificando sus errores porque algo malo les pasó. Necesitan mentir y exagerar las cosas para estar seguros que les prestan la atención que necesitan. Requieren que sus seres queridos estén atentos a sus necesidades emocionales. Y por ende viven dependientes de la atención y el amor que otros les puedan dar.

Al necesitar llamar la atención con sucesos negativos como una enfermedad por ejemplo, el poder de su mente subconsciente se dirige a la creación de esas realidades. Estas personas utilizan su poder creador interior para fabricar un mundo negativo.

Hogares donde hubo manipulación emocional

Algunos padres manipulan a sus hijos amenazándolos con diferentes tipos de consecuencias emocionales, sino se comportan de la manera que los padres esperan.

Un caso común son las amenazas con la pérdida de amor. Cuando un padre le dice a su hijo que si no hace lo que quiere entonces no le va a querer mas, está enseñando a ese niño a hacer siempre lo que otros le digan o perderá el amor de quiénes le aman.

Otra manipulación común es recordarle a su hijo todo el sacrificio que han hecho por ellos, para obligarles a que actúen de una u otra forma. Con esa actitud manipulan los sentimientos de sus hijos y enseñan al niño a hacer lo mismo en el futuro.

Un caso tradicional de manipulación es cuando los padres obligan al niño a comportarse de una forma que el no quiere, por guardar las apariencias con los amigos de los padres. El niño aprende bajo severas amenazas, que debe mentir para ganar el apoyo de los demás. Cuando estos niños crecen tienen dificultades para ser honestos porque les da miedo enfrentar las consecuencias de la honestidad.

Algunos de estos niños cuando son adultos, prefieren no querer totalmente a alguien porque tienen miedo de que los manipulen con ese amor. Por eso prefieren estar solos y aislados. Ellos se están protegiendo del dolor que representa ser manipulado con amor.

También es común ver a estos adultos comportándose con hipocresía y falsedad. Mienten conscientemente para adular a otros, tal como lo hicieron en la niñez. Con ese comportamiento están evitando perder la aceptación de otros y para eso utilizan la adulación y el falso elogio, tal y como aprendieron en la niñez.

Estos comportamientos privan al individuo de mostrar su propio ser, su verdadero yo.

Hogares con mucha crítica y quejas

Algunos niños son expuestos a un significativo nivel de crítica y quejas en su hogar. Sus padres o figuras de autoridad están con frecuencia insatisfechos con su comportamiento, y se lo hacen ver a través de la crítica y la queja.

A los niños la crítica les duele. La crítica implica un rechazo automático, sobre todo si no se hace con amor. La consecuencia natural de la crítica a un niño es que el comienza a perder la confianza en sí mismo.

Los niños a diferencia de los adultos, no tienen defensas intelectuales contra la crítica. Si su padre les dice que son unos flojos, el niño tiende a creerlo. ¿Quién podría saberlo mejor que sus padres? Y por tanto con esa crítica los niños comienzan a creerse todos esos comentarios negativos sobre ellos mismos.

Sin embargo, cuando la crítica es sostenida y cuando se realiza en frente de otros, entonces produce un dolor emocional en el niño. Y ese niño recuerda el dolor y las consecuencias de esas críticas por toda su vida. Cuando se vuelven adultos no aceptan equivocarse por el miedo natural que les produce la crítica a sus fallos. También aprenden a criticar a otros como una forma de protegerse de sus propios errores.

Hogares con abuso físico y verbal

Los niños sometidos a abuso físico y verbal tienden a ser violentos y agresivos. El abuso físico despierta en el niño el temor primitivo de temer por su vida. La reacción primitiva natural del cerebro ante esta situación es huir o atacar, como lo explicamos en el primer capítulo.

Dada la diferencia en tamaño entre un adulto y un niño, la opción de atacar es improbable. Ante la opción de huir, muchas veces tampoco es probable dada la misma circunstancia. Entonces no le queda al niño otra opción que aceptar el abuso experimentando una sensación de impotencia.

En la mente de ese niño quisiera poder atacar o poder correr, pero no puede. El aceptar en su interior que no tiene otra salida que recibir el castigo físico, produce una huella en su memoria emocional. En esa memoria, los niños se advierten a sí mismos que nunca dejaran que algo así les ocurra en el futuro. Cuando crecen y son adultos, por tanto tienen la capacidad de atacar o huir frente a otro de su mismo tamaño, entonces automáticamente reaccionan desde sus emociones primitivas cuando una amenaza se les acerca.

Está comprobado que las emociones mas intensas se graban en la mente subconsciente, cuando están acompañadas de un momento de impotencia. Y cuando tú eres niño, estás fundamentalmente impotente al castigo físico de tus padres.

Los adultos que fueron cuando niños abusados, desarrollan una mayor capacidad de estar atentos a las reacciones de las personas que les rodean. Están permanentemente monitoreando señales de peligro y tienden a ser paranoicos.

Para un niño es difícil comprender porque sus padres quisieran golpearle y someterle a castigos inclementes. Para el padre es posible que tenga sentido, pero para el niño no.

Y si quiénes mas te quieren, te han golpeado y maltratado de esa forma, que se puede esperar de los demás. Así que cuando ellos crecen, desconfían de todos a su alrededor y reaccionan de inmediato ante una afrenta o una amenaza emocional.

Si estos adultos llegan a ser sometidos a un dolor emocional agudo, entonces utilizan la fuerza física para protegerse. Excepto en ciertos casos relacionados con psicópatas, la mayoría de las personas violentas han tenido un patrón de abuso físico y/o verbal en su niñez.

Para estos adultos la violencia es un medio de protección; una reacción primitiva que usan automáticamente ante la posibilidad de una pérdida o de enfrentar un momento de dolor.

En ningún caso la comprensión de esta realidad puede justificar estos actos, pero debe apoyar al mejoramiento de estas reacciones para impedir que puedan causar daños a otros o a sí mismos.

Hogares donde hubo mentiras frecuentes

El mundo de los niños es todo fantasía. Cuando sus padres le prometen algo se lo creen y sueñan inocentemente con esas promesas. Si luego esa promesa no sea hace realidad, el niño puede entender por una vez o a lo mejor dos veces.

Cuando hay un patrón continuado de engaños y faltas expectativas para satisfacer temporalmente las necesidades del niño, entonces el niño comienza a experimentar el dolor de la frustración sostenidamente.

La frecuencia de ese dolor le lleva a desarrollar un mecanismo de defensa llamado el escepticismo. Para que no le duela quedarse con los sueños en la mano, comienza a ser escéptico con lo que le dicen.

Luego cuando es adulto, tiene inconvenientes para soñar en grande; para tener fe en el futuro; para creer que se puede. Su mente subconsciente bloquea cualquier sueño o meta grande por el miedo a que vuelva a sufrir las decepciones de la niñez.

Son personas que piensan en el corto plazo, se autodenominan realistas y siempre están buscándole el aspecto negativo a los sueños y metas que mas quieren. Su subconsciente no está preparado para sufrir mas decepciones y por tanto no desarrollan su verdadero potencial.

Los castigos de la niñez continúan en la vida adulta

Los castigos mas frecuentes que usaron nuestros padres para educarnos, los volvemos a repetir cuando estamos adultos. Cuando las cosas no van bien, adentro de nosotros creemos que "nos merecemos" un castigo y automáticamente tendemos a utilizar el mismo sistema que usaron nuestros padres.

Si cuando pequeño fuimos castigados por ejemplo con que no podíamos salir a la calle por la razón que nuestros padres consideraron, entonces cuando estamos adultos tendemos a quedarnos en casa y no salir aunque podamos. Es la forma como nosotros subconscientemente nos castigamos. Hemos sido programados para reaccionar de esta manera.

Si nos castigaban quitándonos los juguetes que mas queríamos, entonces cuando estamos adultos tendemos a dejar de hacer las cosas que mas queremos. La mente subconsciente nos tiene condicionados para reaccionar de la forma que aprendimos cuando fuimos niños.

Esta reacción condicionada se reviste de mayor importancia en el comportamiento adulto con los niños fueron castigados con dureza extrema. Esos niños aprendieron que los castigos necesitaban ser duros y agudos para que tuvieran significado; fueron objeto de privaciones, golpes y mucho sufrimiento. Experimentaron dolor extremo; el cuál combinado con la impotencia de poner huir o atacar, produjo un recuerdo emocional indeleble.

Los niños que fueron castigados con dureza, perciben ese castigo de forma diferente a la del adulto que los castiga. Mientras el adulto lo hace pensando que está haciendo lo correcto, el niño lo interpreta como una falta de amor; como si ellos no valieran. Y desarrollan entonces un sentimiento de odio por ellos mismos; un sentimiento de autodestrucción que acarrean a su vida adulta.

Yo no Valgo

Una de las conclusiones más comunes de los niños que no tuvieron amor y que fueron objeto de manipulaciones y castigos físicos o verbales, es la creencia que ellos no valen. Si sus padres, que supuestamente son quiénes mas los quieren los tratan así, es porque ellos no valen. Allá adentro en su mundo interior, comienzan a sentirse desvalorizados, faltos de amor.

Esa creencia la llevan a la vida adulta y ese vacío de amor lo cargan toda la vida.

Los adultos tienen el poder de reprogramar estas creencias del pasado y reconstruir sus vidas. El amor y la paz pueden volver si las buscamos con honestidad. Este libro es una más de las ayudas disponibles para todos aquéllos que quieran sentir que valen; y mucho.

Las navidades y su impacto en la fe de los niños

A algunos niños se les promete que si se portan bien todo el año, el niño Dios le traerá los regalos en la navidad. Y el niño se pasa el año portándose bien y cuando llega el momento, lo que recibe de navidad posiblemente no es lo que esperaba y se decepciona.

Desde el lado de los padres, esta situación puede ser más que comprensible. Seguramente han hecho un enorme esfuerzo para ahorrar y darles a sus hijos sus regalos de navidad. Pero seguramente el niño, que no sabe de precios ni presupuestos, se le ocurrió pedir algo por encima del presupuesto de sus padres; así que los padres le compran lo mas parecido posible al regalo que pidió su hijo, con el presupuesto que tenían. Nada que reprochar a esos padres.

Sin embargo, la consecuencia en la fe de ese niño puede ser significativa. En el mundo fantasioso del niño, Dios no le cumplió lo prometido.

Ese dolor y esa frustración de cada año, la recuerda en su vida adulta. Y se programa para no volver a creen en los regalos de Dios y por ende su fe se afecta en una gran proporción.

Al perder la fe en Dios, el adulto sacrifica una gran parte de su potencial espiritual y se aleja de la posibilidad de despertar ese gran poder en su interior. Pierden la fe en el mundo de Dios.

Todos los dolores de la niñez descritos anteriormente, están almacenados en su memoria emocional, disparando sus emociones y alterando su comportamiento adulto.

Algunos de esos dolores son la razón por la cual no ha madurado en ciertos aspectos de su vida. Seguir la ruta y el origen de estos dolores y sanarlos, transformarán su vida y liberarán un potencial grande que usted no había experimentado antes.

Si ha llegado a este punto y ha reflexionado y detectado sus miedos mas grandes, se encuentra en el camino a arrancar para siempre la causa de muchas de sus emociones negativas.

Conectando las angustias de la vida adulta con las experiencias traumáticas de la niñez

Una vez que usted tiene claro cuáles son los dolores que mas afectan su comportamiento adulto y una visión mas objetiva de ciertos momentos de su niñez, es momento de asociar ambos razonamientos.

La mayoría de las angustias que sentimos en la vida adulta, proviene de seguir creyendo que el mundo emocional que nos rodea es igual al que vivimos en la niñez. Seguimos creyendo que nos van a castigar si hacemos algo incorrecto, que nos van a rechazar si cometemos errores, que van a ser injustos con nosotros si expresamos nuestros sentimientos.

Y ese mundo emocional infantil es imaginario. Ya no existe. Ya usted creció y ahora es libre y es responsable de su propio mundo. Comprender que ese mundo emocional negativo de la niñez ha dejado de existir, es uno de los favores más grandes que usted se puede hacer.

La historia de Pablo

Pablo había llegado a conquistar el campeonato mundial de kick boxing. Estaba muy feliz por ese logro y se encontraba entrenando para su primera defensa. Sus entrenadores estaban preocupados por la falta de seriedad de Pablo para atender sus entrenamientos. El primer retador era una bestia, su récord era perfecto y no había llegado a campeón antes por cosas del destino.

Llegado el momento, el entrenador de Pablo decidió hablar seriamente con él y le dijo:

"Pablo, estoy preocupado; con el ritmo que llevas en los entrenamientos no vas a estar listo para la pelea y vas a perder este título que ha costado tanto conseguir. ¿Que pasa hermano?"

Pablo le contesto:

"Nada, no pasa nada. Estoy haciendo las cosas lo mejor que puedo"

El entrenador le dijo:

"Pues no estoy de acuerdo contigo, hoy comienzas a tomar esto profesionalmente o te vas a llevar la paliza de tu vida."

Pablo se quedó callado como no prestando atención a las palabras de su entrenador. Su novia, que lo conocía como nadie había estado escuchando la conversación. Entonces enfurecida decidió interrumpir y se dirigió a Pablo gritándole:

"Eso no es verdad. Sé honesto!

Eres un cobarde, un poco hombre, una gallina. Tanto músculo y tan poco coraje; ¿quién te crees para venir a destruir todo por lo que has luchado toda tu vida? No entendemos lo que estas haciendo y esa actitud de niño inmaduro no te la voy a aceptar; tú eres el campeón y si vas a perder ese título, va a ser dejando el alma en ese ring y dejando el alma en este gimnasio.

¿Que es lo que pasa? Háblame honestamente porque no te voy a aceptar un solo gramo de falsedad y mentiras. Dime que es lo que pasa y dímelo ahora mismo!"

A Pablo le empezó a fluir la adrenalina y su cabeza se llenó de sangre, la miró directo a los ojos giró su cuerpo hacia ella y le gritó enfurecido:

"No quiero entrenar porque tengo miedo! porque tengo miedo de perder el título, porque ese tipo es mejor que yo y me va a quitar todo lo que tengo!

Porque ese título es lo único bueno que he hecho en mi vida... nunca nadie me dio palabras de elogio, nunca nadie me admiró, nunca me reconocieron. De niño mis padres me pegaban porque decían que yo era un bruto, que nunca iba a ser nadie en la vida. Nunca tuve amor y me crié solo, encerrado en mi mundo, sin besos, sin caricias, sin aceptación... Y ahora tengo miedo de perder todo esto que he ganado, porque yo no creo que sea capaz de ganar la próxima pelea y no quiero volver a estar solo, sin fama, sin gloria, sin amor..."

El entrenador y la novia de Pablo guardaron silencio mientras le veían llorar como un niño pequeño. Ambos sabían que no había hombre con mas coraje y valentía que Pablo; también sabían que si el ponía el 100% de su esfuerzo en ese entrenamiento podía vencer al retador; pero nunca se esperaron esas palabras de un hombre que jamás dio muestras de debilidad ni de miedo.

Un poco más tranquilo, Pablo le dio gracias a los dos y les dijo:

"Ustedes tienen razón, gracias por ser honestos conmigo y por quererme. Yo sé que estos miedos vienen desde que soy un niño, me acompañan todos los días y vivo con ellos. Esta vez voy a tener dos peleas; una con ese retador al cual voy a ganar y la mas importante de todas, luchar contra el mas grande de mis miedos, el miedo a quedarme sin el amor de los demás".

Mientras se preparaba físicamente para su gran defensa, dedicó tiempo a sus emociones. Escribió las 4 listas; compartió sobre su niñez con su novia, quién fue la persona que escogió para compartir sus emociones.

En ese proceso se desahogó y lloró hasta el cansancio. Reconoció todos sus defectos de carácter, las personas a quién había dañado, sus miedos y ese dolor tan grande a no ser amado.

Una vez que pudo desahogarse, Pablo escribió una nota en el techo de su cuarto encima de su cama. Esa nota podía leerla todas las noches antes de dormir. La nota decía:

"Pablo… Eres un Campeón…Te amo… Buenas noches…"

Adicionalmente Pablo meditaba 5 minutos todos los días al levantarse. En la meditación se visualizada abrazando a su niño interior y dándole ánimo y apoyo. En cada meditación le prometió que sin importar el resultado de la pelea, el siempre iba a estar ahí para quererlo y amarlo.

En la misma meditación podía visualizarse ganado la defensa de su título.

El simple hecho de compartir su mayor miedo justo con quién mas amaba, liberó la pesada carga emocional que Pablo sentía. A partir de esa liberación, su pasión por entrenar se disparó automáticamente. Pablo encontró a través de un momento emocional pleno de honestidad, un bloqueo que le impedía desarrollar todo su potencial. Pablo tenía un miedo muy grande de la niñez, que se disparó justo en el momento menos esperado. Siendo completamente honesto, Pablo encontró el camino para superar sus miedos de la niñez.

CAPÍTULO 6

❧ El perdón ☙

Existen muchos escritos, literatura, estudios, análisis, recomendaciones y enunciados, sobre los beneficios del perdón. El perdón ayuda a la salud, ilumina el rostro, estimula la sonrisa, abre los ojos espirituales, libera las culpas y nos trae paz. Intelectualmente esta es una verdad mayormente aceptada.

Desde el punto de vista emocional, hay una realidad diferente ya que nos cuesta perdonar a quiénes nos han herido, aunque conscientemente tengamos claro que es perjudicial mantener un rencor. Los sentimientos negativos hacia las personas que nos han herido, se mantienen a pesar de los esfuerzos intelectuales por perdonar.

Cuando converso con las personas y me refiero a rencores y odios, muchas personas niegan albergarlos; dicen que todos su odios y heridas del pasado han sido olvidados. Y no dudo que intelectualmente eso sea cierto; sin embargo, cada vez que reviven esos momentos del pasado vuelven a sentir rabia y odio por quiénes les hicieron daño.

Es relativamente fácil perdonar con la mente intelectual. Si el perdón intelectual no se acompaña de un perdón emocional, el proceso queda incompleto. Llegado el momento, los recuerdos de su mente emocional le harán disparar otra vez comportamientos inadecuados, porque el perdón fue incompleto y no curó las alertas que se encontraban alojadas en el mundo subconsciente.

El perdón necesita entrar en el mundo emocional de las personas.

Usted se libera de toda esa basura y esa carga de energía negativa cuando utiliza sus emociones para perdonar. Y para perdonar usted tendrá que pasar por emociones como la rabia, la ira, el odio, la angustia, el miedo, el resentimiento, el deseo de venganza, el deseo de hacer justicia, la crueldad.

Para perdonar también utilizará virtudes como la comprensión, la benevolencia, la paciencia, la aceptación, la tolerancia.

La mezcla de la decisión consciente de perdonar, sus virtudes, sus valores y las emociones que hemos señalado anteriormente, componen los elementos necesarios para otorgar un perdón sanador y transformador para su vida.

No necesito enfatizar en los beneficios del perdón. Las personas que han perdonado emocionalmente a quiénes les hicieron daño, afirman haberse quitado un gran peso de encima. El cuerpo físico se sana, el ánimo mejora y el alma descansa.

El perdón emocional conlleva la ecualización de las alarmas grabadas en nuestra memoria emocional, por tanto nos liberan de comportamientos automáticos que estaban bloqueando nuestra capacidad de ser feliz.

Quiénes mas nos hieren son quiénes mas amamos

El amor está directamente asociado a la capacidad que tienen otras personas de hacernos daño.

Recuerde usted las personas que le han herido y encontrará que a la gran mayoría usted las quiere o las quería mucho en el momento que le causaron la herida.

Es esa la razón por la que muchas de las heridas indelebles que guardamos en nuestro interior provienen de la infancia, porque fueron causadas por quién en nuestra inocencia infantil sentíamos que mas queríamos; usualmente nuestros padres y hermanos.

El caso contrario es también cierto. Hemos causado muchas heridas a las personas que mas nos quieren. Posiblemente nuestros hijos, padres, hermanos, parejas, amigos.

Por eso necesitamos darle gran importancia al poder tan grande que una persona nos entrega, cuando comienza a amarnos. Empezando con nuestros hijos. Aquél que nos ama está expuesto a que nosotros le hagamos daño producto de nuestros actos y emociones. Y si llegamos a sentir suficiente dolor, lo más posible es que hagamos daño a esas personas. En casi la totalidad de los casos hacemos uso de esta capacidad de hacer daño, sin ningún propósito consciente de hacer daño. Esos momentos son tan solo la consecuencia natural de una ley de la vida.

Así como hemos hecho daño a otros, también nos lo han hecho. Es por eso que el perdón tiene dos caras. Pedir perdón por nuestros errores y perdonar a quiénes nos han hecho daño.

Pedir Perdón

Es un reto pedir perdón a quiénes hemos lastimado. Pedir perdón es reconocer que cometimos un error y queremos resarcir ese error.

A veces herimos a otras personas involuntariamente. A veces como consecuencia de nuestros actos, otras personas se ven afectadas y producimos una herida en otro ser humano. En otras ocasiones, deliberada y conscientemente estamos haciendo daño a alguien, aún teniendo una supuesta "buena justificación" para ello. Y sentimos que tenemos derecho a lastimar a esa otra persona porque fuimos heridos y estamos tomando acciones para lavar ese dolor.

Sin embargo, en cualquiera de los dos casos hemos hecho daño y para reparar el daño causado es requerido pedir perdón.

Pedir perdón es doloroso porque después de reflexionar y ser honestos con nosotros mismos, nos damos cuenta que nos equivocamos y queremos resarcir ese error. En el momento que vamos a enfrentar ese pasado, posiblemente veamos con claridad que hemos sido responsables de daños causados a seres que queríamos mucho.

Muchos de estos daños los hemos causado porque hemos hecho responsables a otras personas de nuestras desgracias. Es frecuente buscar culpables de nuestros errores para evitar ser honestos con nosotros mismos y aceptar que hemos fallado. Entonces nos excusamos acusando a otras personas como por ejemplo amigos, compañeros de trabajo, hermanos, esposos; de situaciones que fueron causadas por nuestros propios actos. Por eso es importante empezar aceptando que nosotros somos los responsables de nuestra vida y en nuestras manos está la capacidad de mejorarla para bien; ya basta de estar señalando a los demás como los culpables de nuestras angustias.

Pedir perdón tiene tres componentes: Reconocer nuestro error, pedir perdón y comprometernos a no volver a cometer el mismo error.

Reconocer nuestro error

Es duro admitir que nos equivocamos. La mejor manera de medir el perjuicio causado por nuestros actos, es comprendiendo el dolor causado en las otras personas. Lo ideal sería tener la oportunidad de escuchar atentamente lo que sintieron las personas que herimos, de su propia voz.

Si un momento así llega en su vida, escuche con atención lo que le están diciendo porque para la otra persona es un ejercicio de sanación interior. Usted sienta y comprenda ese dolor y asegúrese que la otra persona así lo entienda.

En muchos casos no es posible escuchar esos sentimientos directamente de la persona que fue herida. Para lograr conectarnos con ese sentimiento ajeno vamos a utilizar una técnica que explico a continuación:

- Usted se va a colocar en los zapatos de la persona a quién ha herido; sea su hijo, su mamá, su pareja, un amigo, un compañero de trabajo, un socio, quién sea.

- Va a escribir una carta personificando a ese individuo. Si esa persona es su esposa, usted va a escribir a nombre de su pareja; usted va a personificar a su pareja.

- La carta va a ir dirigida a usted mismo.

- Incluya en esa carta una descripción detallada del daño que usted cree que le hizo a esa persona.

Para ilustrar el punto vamos a asumir que Armando le hizo daño a su esposa Gabriela, debido a sus infidelidades; el matrimonio se terminó y Armando se fue sin dejar rastro. Este sería un ejemplo de la carta que Armando debería escribir; en esa carta el personificará a Gabriela…

> *"Armando,*
> *Me hizo mucho daño el día que me enteré que me habías engañado todos estos años. Yo fui una mujer entregada a ti, fiel en todo sentido, donde tú eras el centro de mi vida. Te amé con todo mi corazón y te convertiste en mi mundo.*
>
> *Nunca me imaginé que pudieras hacerme esto.*
>
> *Me quise morir cuando supe que tenías otra mujer, cuando me dí cuenta que yo no valía para ti, cuando me enteré que amabas a otra. Con tu partida mi vida se convirtió en un infierno y estuve a punto de enloquecer.*

> *La vida sin ti dejó su significado, no podía comer, no podía dormir. ¿¿Por qué lo hiciste? ¿Que te hice yo? ¿Cómo fue que pudiste hacerme un daño así?*
>
> *El que hubieras huido y nunca me dieras la cara, no cambia el daño que me hiciste. Te odio con toda mi alma y jamás te perdonaré.*
> *Gabriela"*

Si tiene que llorar escribiendo esa carta, llore. Pero póngase en el puesto de la otra persona y sienta el dolor que le causó. En ese momento usted estará realmente preparado para pedir perdón.

Escriba cuántas cartas sean necesarias de acuerdo al número de personas que sienta que ha lastimado. Usted solo necesita estas cartas como parte de un proceso de sanación interior; puede destruirlas cuando su proceso haya terminado.

Este es el ejemplo de otras cartas que podrían ayudarle a inspirar la suya.

La carta que escribe Sara como si fuera su hijo Antonio, a quién ella hirió con sus insultos, críticas y maltrato:

> *"Mami,*
> *Cómo es posible que me hubieras tratado de esa forma, si yo era tu hijo… Cómo es posible que me hubieras castigado con tanta crueldad, que me hubieras insultado delante de todos mis amigos, que me hubieras quitado mi mascota y mis juguetes sin razón alguna.*
>
> *Yo no puedo entenderte… Sé que eres mi Mamá, pero sufrí mucho con todos tus gritos y desprecios. Sufrí mucho por tu culpa Mami…"*

La carta que escribe Evelyn, como si fuera su hermana Luz Marina, a quién Evelyn le hizo daño en un negocio.

"Evelyn,
Yo no sé como explicar lo que siento…¿ Cómo es posible que me hubieras hecho eso? ¿Cómo me robaste todo ese dinero y me dejaste en esta situación, si yo trabajé contigo y me esforcé contigo?

No he podido superar ese dolor tan grande, tu eres mi hermana; mi sangre.

¿Si tu me hiciste eso que puedo esperar de los demás? Me ha dolido mucho todo esto hermana…"

Pidiendo perdón a quiénes hemos lastimado

Una vez que realmente entendemos el daño que hemos causado, estamos listos para pedir perdón. Lo ideal es acercarnos directamente a la persona que dañamos y pedirle perdón.

En muchos casos ese momento no va ser posible por múltiples razones. Si no puede pedir perdón a la persona, usted puede enviarle cartas parecidas a estas:

El caso de Gabriela y Armando

"Gabriela, tienes toda la razón en sentirte así y no hay nada que yo pueda reprocharte. Lo que hice fue equivocado e incorrecto. He estado pensando mucho en el mal que te hice, en el daño que te causé, en los minutos y horas de sufrimiento que producto de mis actos inconscientes, tú viviste.

Si no deseas perdonarme yo lo voy a entender; pero te pido que lo hagas; por el amor que sentimos en el pasado, por tu paz, por tu tranquilidad y por tu salud. Yo te sigo queriendo, tan solo no era consciente de mis actos y sus consecuencias. Te pido perdón arrodillado ante ti. Como un hombre que reconoce sus errores, que acepta las consecuencias de sus actos y que está dispuesto a reparar su error.

Perdóname."

El caso de Sara y Antonio

"Hijo,
Me duele tanto pensar que hayas sufrido con mis errores y comportamientos. Se me parte el alma al saber que le hice tanto daño a mi propio hijo.

Yo soy tu madre, quién te ama. Quién se equivocó al hacerte daño, quién no supo controlarse y amarte como te merecías.

Hoy estoy dispuesta a recuperar el tiempo perdido y amarte con toda mi alma; a elogiarte con sinceridad y aceptarte como eres.

Yo soy tu madre, quién te ama, quién te admira, quién te quiere, quién te pide perdón por todo el daño que te causé. Perdóname hijo…"

El caso de Evelyn y Luz Marina

"Luz Marina, hermana, cuán loca fuí… Me dejé arrastrar por el miedo y la ambición, sin pensar las consecuencias de mis actos… Que error tan grande he cometido…

No me alcanzará la vida para reponer mi error. Tú eres mi hermana, con quién yo me crié, quién me acompañó en mi niñez y en mi adolescencia, cuando me casé, cuidastes de mis hijos cuando nacieron. ¿Cómo pude hacerte esto?

Voy a reparar este error y reconstruir nuestra relación. Y empiezo pidiéndote perdón desde lo más profundo de mi corazón. Perdóname… Ya tendremos tiempo para arreglar nuestras cuentas y llegar a un acuerdo justo, por ahora solo quiero que volvamos a ser las hermanas de siempre…. Perdóname…"

El compromiso de no volver a cometer el mismo error

Pedir perdón para luego volver a cometer el mismo error no tiene valor. La persona dañada pierde la confianza y luego es más complicado reconstruir la relación.

Cuando estamos siendo víctimas de una adicción o de una reacción emocional fuera de control, no podemos garantizar que no vamos a volver a cometer el mismo error. Los casos típicos los vemos en las adicciones al alcohol, las drogas, el sexo, el juego, la neurosis, etc...

Es por eso muy importante ser totalmente honesto y buscar ayuda para salir de esos momentos de oscuridad. Es necesario recuperar el balance para poder garantizar que los comportamientos destructivos van a parar. Este libro y el seminario vivencial Yo Positivo, le ayudaran a recuperar el balance emocional. Sin embargo le recomiendo utilizar todos los recursos a su alcance, para que encuentre la claridad y la sabiduría para salir de sus momentos oscuros lo antes posible.

Una vez que ha encontrado su balance emocional o que tiene la capacidad de parar los comportamientos que dañaron la relación, usted puede comprometerse a nunca más cometer el mismo error.

Manifieste ese compromiso a la persona que ha herido y tome las acciones necesarias para que no vuelvan a ocurrir. Eso incluye curar sus adicciones.

Podría ocurrir que usted apenas está empezado el proceso de curar sus emociones, quiere pedir perdón, pero no está en control de sus actos todavía. En este caso, haga el proceso de pedir perdón y acompáñele de un gesto honesto y genuino de pedir ayuda para salir de sus adicciones y descontroles. Sea claro y explique su situación. Esa honestidad ayudará a que la otra persona sienta que usted está genuinamente interesado en cambiar y muy posiblemente se preste para ayudarle.

Este es el ejemplo de Tomás, quién estando bajo la adicción al alcohol hizo sufrir a su padre con sus comportamientos descarriados. Cuando Tomás llegó a este punto, aún estaba bajo su adicción y necesitaba ayuda. Esta es la carta que Tomás le escribió a su padre:

> *"Viejo,*
> *No sabes el infierno que estoy viviendo… Por haberte herido…*
> *Tú has sido el único que ha soportado en silencio mis locuras y estupideces… Quién me ha amado a pesar de mis errores y fallas… Quién siempre está ahí para socorrerme y corregirme.*
>
> *Perdóname por lo que te he hecho, por haber robado en tu negocio, por haber dañado tu coche, por haberte gritado y haberme burlado de ti.*
>
> *A veces siento que no merezco un padre tan maravilloso como tú.*
>
> *Quiero cambiar, quiero salir de este laberinto en el que me encuentro y volver a vivir. Quiero verte en las mañanas feliz cuando me veas salir para la universidad y te sientas orgulloso de mí, el día que logre mi título de abogado.*
>
> *Pero necesito ayuda… Necesito que me apoyes y me comprendas y me animes y me corrijas; y que con tu soporte y mi firme determinación de dejar esta adicción, yo pueda volver a vivir en paz.*
> *Ayúdame Papi… ayúdame…"*

También puede pasar que la persona que usted ha dañado esté todavía en ese proceso de tomar venganza de alguna forma. Hay veces que se puede permitir a las otras personas tomar esas acciones si usted sabe que las va a poder manejar y que al final recuperará una relación perdida. Si el caso es que la otra persona realmente le va a hacer daño, tome las acciones pertinentes para proteger sus intereses y al mismo tiempo respetar sus compromisos.

Perdonando a otros

Así como hemos herido a otros, también nos han herido. Y esos sentimientos los llevamos grabados en nuestro interior afectando nuestras vidas.

Para recuperar nuestra paz, el perdón es un componente esencial.

El odio y el resentimiento tienen una serie de beneficios costosos y temporales, pero beneficios al fin y al cabo. Cuando algo nos ha herido, el odio nos sirve para "resarcir" el daño que nos han causado. ¿Recuerdan en el capítulo 1 la sección del dolor se lava con dolor? Causarle daño a otro gracias a nuestro odio, de una u otra forma nos hace sentir que estamos haciendo justicia. Y por eso el odio es "beneficioso" para algunas personas.

El odio también puede funcionar como mecanismo de protección. Manteniendo esos odios vamos a estar alerta que nunca más alguien pueda hacernos el mismo daño. Ese odio nos recuerda nuestro error y nos garantiza que nunca más volveremos a permitir una situación igual.

Adicionalmente perdonar podría ser malinterpretado como una forma de ceder en nuestros principios. Cuando el odio funciona como castigo y como rechazo al comportamiento de otro, perdonar podría ser interpretado como una forma de estar de acuerdo con lo con la otra persona hizo.

Estas creencias nos conducen a mantener el odio porque nos trae una serie de beneficios; tan solo que estos beneficios son demasiado costosos. Este odio entristece el alma, enferma el espíritu y amarga la vida. Al mismo tiempo mientras somos portadores de odio, indirectamente lastimamos a los seres que más nos quieren. Muchas veces nuestros propios hijos.

Hay otras formas efectivas de protegernos de futuras situaciones negativas, de fijar nuestros puntos de vista y de mantenernos en nuestros valores; diferentes al odio.

Usted tiene la opción de estar alerta para evitar que le vuelvan a herir, sin necesidad de odiar. Usted tiene el derecho de expresar y mantener su rechazo por el comportamiento de otros, sin necesidad de odiar. El odio es más dañino que el supuesto peligro que usted está evitando.

Sustituya el odio por valores y acciones que usted tome en la dirección que le mantengan protegido, y al mismo tiempo elimine ese odio de su vida.

La medicina más poderosa contra la impotencia y el miedo, es tomar decisiones y actuar. Actuar a pesar del miedo. Actúe en dirección de proteger sus intereses y usted se sentirá seguro. De esa forma el odio no será necesario para protegerse de los peligros que podrían representar las personas que aún nos quieren herir.

Reconociendo que hemos sido heridos

Muchas personas niegan que mantienen odios en su corazón y se auto-justifican diciendo que los momentos del pasado que causaron esos sentimientos, ya están superados y que no los recuerdan. Ese estado de negación de odios y dolores del pasado es más perjudicial que el odio mismo. Esos dolores son tan agudos que la mente subconsciente hace todo lo necesario para mantenerlo alejado de esos recuerdos, mientras se encuentra en su modo consciente.

Es importante ser honesto consigo mismo y aceptar que tenemos heridas que no queremos enfrentar y que nos vienen molestando. Heridas que pensamos que están sanadas y no lo están; tan solo se encuentran sepultadas debajo de la superficie del mundo consciente. Esas heridas se encuentran guardadas en nuestra memoria emocional, afectando nuestra vida y nuestra salud.

Muchas veces las personas que nos lastimaron son seres que queremos y respetamos, como nuestros padres por ejemplo. Y pensamos que el simple hecho de destapar ese dolor sería una afrenta contra ellos; pensamos que tan solo se equivocaron un día y que no se merecen que destapemos esa olla.

Enfrentar ese dolor es beneficioso para el que lo guarda. Destapar y sanar ese dolor del pasado es el mejor favor que puede hacerse usted mismo. Al mismo tiempo usted tiene la capacidad de nunca dejarle saber a ese ser querido que le ha perdonado algo que ocurrió en el pasado. Por el mismo amor y respeto que podemos sentir por esa persona, tenemos la capacidad de mantener ese perdón en privado y al mismo tiempo curar esa herida.

¿Porque nos han herido?

Así como un día usted se equivocó y lastimó a otras personas, así otros se han equivocado y le han herido a usted.

No es fácil comprender porque alguien habría de haberle dañado a usted, sobre todo si fue alguien que usted quería. Ahora usted entiende las reacciones fuera de control que producen los dolores dentro de la mente de una persona. Ahora usted entiende que esas personas han sido víctimas de su pasado y de su crianza. Tal vez ellos mismos ni siquiera tienen consciencia de lo que han hecho.

Pero es posible que usted lo tome como algo personal; es posible que usted piense que por usted ser débil o frágil, otros abusaron de usted. Es posible que usted crea que ha sido víctima de una injusticia y quiera juzgar a quién le hizo daño.

No es su derecho juzgar los actos de otras personas, eso debe dejarlo a la justicia de los hombres o a la justicia de Dios.

Usted no está ejecutando una sentencia de castigo contra quién le hirió, cuando mantiene su odio por esa persona. Si la persona que usted odia no lo quiere a usted, entonces no le está castigando ni tampoco está haciendo justicia; tan solo usted se está castigando a sí mismo guardando ese odio.

Le corresponde a usted ahora pensar en su paz y soltar la pesada carga de llevar ese odio dentro de usted.

Entregando el perdón

Para perdonar a una persona, aunque la persona no lo haya solicitado, usted necesita ayuda en la mayoría de los casos. Sin ayuda ese perdón es mas complejo y tal vez solo llegue a un nivel intelectual, más no emocional.

Acuda a un seminario de crecimiento personal donde haya un proceso de perdón, vaya donde un sicólogo, donde un clérigo de su iglesia, donde un amigo en quién usted confíe y apóyese en ellos para perdonar a quién sea que le hizo daño.

En el seminario vivencial Yo Positivo, también disponemos de procesos especiales para que usted pueda perdonar intelectual y emocionalmente.

Cómo sabemos que hemos perdonado

La mayor prueba de que hemos perdonado, nos la dará la reacción que sentimos cuando volvamos a ver a la persona que nos hizo daño. Si su interior está sanado, usted no sentirá ninguna emoción negativa, ni rabia, ni deseos de tomar venganza. Ese día usted sabrá que ha perdonado.

Perdonando a nuestros padres

Perdonar a nuestros padres y limpiar nuestro pasado con ellos es el mejor regalo que nos podemos hacer. Aprendiendo a perdonar a nuestros padres, enseñamos a nuestros hijos a perdonarnos.

Nuestros padres también sufrieron cuando eran niños; también fueron maltratados y pasaron momentos difíciles que transformaron su comportamiento adulto. Tenga en cuenta que cuando nosotros nacimos, nuestros padres no tenían la educación que existe hoy sobre como ser buenos padres. Ellos tan solo nos educaron siguiendo el patrón con el cuál nuestros abuelos les educaron.

Nuestros padres son o fueron, seres humanos falibles como nosotros. Lo que pasa es que a veces creemos que los padres deben ser perfectos. No nos corresponde juzgar a nuestros padres, tan solo comprenderlos y aceptarlos tal como son.

No recordamos los días que nuestros padres nos dieron el tetero, cambiaron nuestros pañales o curaron nuestras enfermedades. Olvidamos quién nos enseñó a caminar, a jugar, a contar, a comer. Olvidamos muchos momentos de amor, porque sencillamente éramos unos bebés y nuestras facultades mentales estaban en proceso de formación. Súmele el hecho, que los padres no cuentan lo que han sufrido y muchas veces les cuesta mostrar sus sentimientos.

Así que cuando usted era un bebé y estaba a solas, a sus padres les resultaba más fácil amarlo física y verbalmente. En esos momentos en los que usted no hablaba y no entendía lo que pasaba a su alrededor, era más fácil para ellos darle amor. En esos días podían ser expresivos sin ser "débiles"; podían decir cosas lindas sin el miedo a sonar "ridículos". Si pudiéramos ver un vídeo de los momentos que no recordamos de nuestra infancia, nuestra percepción del amor de nuestros padres por nosotros cambiaría sustancialmente.

Es hora de dejar todo el dolor atrás y perdonarles de corazón; con nuestras emociones y nuestro intelecto.

Luego de perdonar a nuestros padres, no necesitamos decirles nada ni contarles nada. Es un proceso interior de limpieza, en memoria de todo lo que ellos han hecho por nosotros que ya hemos olvidado.

Perdonándose a sí mismos

Muchas veces hemos mantenido ciertos odios porque culpamos a otros de nuestros propios errores. Manteniendo esos odios, nos justificamos por nuestra incapacidad de lograr ciertas cosas. También nos hemos dañado, hemos destruido nuestro cuerpo físico, hemos abusado de nuestros seres queridos, y no nos sentimos bien con eso.

Es importante perdonarnos a nosotros también. Lo que hicimos fue producto de nuestros dolores y nuestras carencias como seres humanos. Es hora de tomar responsabilidad por nuestras vidas, corregir nuestras fallas, madurar como personas y perdonarnos por el daño que nos hemos causado.

Perdonando a Dios

Es frecuente escuchar que todo lo que pasa en este mundo es porque Dios así lo quiso. Cuando las personas sufren la pérdida de un ser querido y tienen esa creencia arraigada, pueden asumir que fue Dios quién quiso quitarles esa persona. Esta situación es más común entre los niños, debido a su mundo imaginario.

Cuando adjudicamos las pérdidas en nuestra vida a Dios y le hacemos culpable de nuestras desgracias, nace tal vez el peor y más dañino de todos los odios.

Dios no asesina, no toma venganza, no daña. La esencia de Dios no es humana. Nosotros si hacemos esas cosas, Dios no. Colocar la energía de Dios en el mismo plano de una persona es el primer error en ese juicio.

Sé qué es difícil aceptar que sea el mismo Dios, el ser de bondad y amor, quién nos haya causado tanto dolor. En los últimos capítulos hablaremos de Dios y su esencia, por ahora es importante entender que no existe ninguna intención divina de causar daño específico a una persona.

Odiar a Dios destruye la espiritualidad y acrecienta el sufrimiento en todos los aspectos de nuestra vida. Ese odio afecta todas las áreas del ser humano y nos impide poder disfrutar la vida.

En el perdón a Dios es en el que usted necesita mas ayuda. No lo haga solo, busque apoyo. Llegado el momento, cierre sus ojos y escuche a través de su intuición las palabras de Dios para usted. En ese mensaje usted podrá comprender, a través de su intuición, el significado de varios eventos de su vida.

Componentes del perdón

Para perdonar a otros usted necesita incluir en su proceso tres componentes fundamentales. Estos componentes son el desahogo, la comprensión y el perdón emocional.

El Desahogo

La represión del dolor del pasado es perjudicial, nubla el juicio, afecta el comportamiento. Es importante desahogarnos, dejar salir todo ese dolor, esa angustia, esa rabia, ese odio, ese rencor, esa impotencia. Se requiere abrir una válvula de escape y dejar salir el vapor a presión de las emociones negativas y con esto refrescar el alma.

En su proceso imagine vívidamente que usted se desahoga con la persona que le hizo tanto daño.

La Comprensión

Usted sentirá un gran alivio cuando comprenda, en su mente y en su corazón, que los demás seres humanos son víctimas de errores tal como lo ha sido usted. Después de leer este libro, usted tendrá más claridad del comportamiento humano. La persona que le hizo daño es tan humano y tan falible como usted.

Comprenda a los demás, no importa cuánto daño le hayan hecho. Comprender no significa aceptar; tan solo significa que así como usted también ha lastimado a otros y ha cometido errores, otros seres humanos lo han hecho con usted. Y puede mantener su desacuerdo y sus creencias a pesar de aceptar esta realidad.

El Perdón Emocional

Al perdonar hágalo de corazón. Sienta salir de su interior ese perdón y deje todo atrás. Libérese de ese odio, destiérrelo para siempre de su corazón y desconéctese de esa emoción. Sienta esa liberación en sus emociones, en su sentir y olvide ese pasado para siempre.

No mas juicios, no mas odios, no mas rabia, no mas venganza, no mas resentimiento. No los necesita.

Limpie, perdone y liberese de ese pasado tormentoso, de corazón y para siempre. Siga las guías explicadas en este capítulo. Si a pesar de sus esfuerzos aún siente que necesita perdonar con mayor profundidad, asista a uno de nuestros seminarios vivenciales Yo Positivo. En el seminario tenemos unos ejercicios especialmente diseñados para ayudarle a perdonar profundamente.

La historia de Deyana

Cuando le preguntaron a Deyana a quién quería perdonar, ella empezó a relatar la siguiente historia:

> *"Yo tenía 8 años y una relación increíble con mi Papá. El era mi compañero de juegos, mi guía, mi amigo, mi cómplice. Me llevaba y me recogía todos los días en el colegio; mis amigas me envidiaban por tener un papá tan lindo.*

> *Un día estaba jugando en la puerta con mi perro y un señor llegó y me preguntó si allí vivía mi Papá, llamándolo por su nombre. Yo le dije que sí, fui y lo llamé. Cuando mi Papá salió a la puerta, el señor sacó un revólver y le disparó en la cabeza. Ese día perdí a mi Papá.*

> *Luego mi Mamá me explicó que Dios se había llevado a mi padre y que debía entender que esos eran los deseos de Dios; que mi Papá estaría en el cielo y que desde allá me iba a cuidar.*

> *No sé a quién odio más, si al asesino de mi padre, a Dios por dejarme sin mi Papá o a mí misma por haber llamado a mi Papá para que luego fuera asesinado. Todavía me culpo por ese día.*

> *Vivo con miedo cada día, siento mucho odio contra todo el mundo y no puedo confiar en casi nadie."*

El odio que Deyana había guardado por ese asesino no le ayudaba a castigarlo para nada. El odio por Dios era el producto de una interpretación infantil; en ningún momento su Mamá quería que ella acusara a Dios de ser el culpable de esa tragedia; responsabilizarse a sí misma por haber llamado a su padre, era todavía más infantil. Deyana había vivido con esos sentimientos y esos recuerdos y estaba acostumbrado a ellos. Jamás se había puesto a pensar cuánto daño se había hecho a sí misma guardando esos sentimientos.

Armada de mucho valor y determinación, decidida a cambiar su vida y encontrar paz, Deyana se alistó a perdonar al asesino de su padre. A continuación transcribo las palabras de Deyana cuando imaginaba que tenía enfrente de ella al asesino de su padre y procedía a perdonarle por lo que le había hecho. Aclaro que la escena fue significativamente más emocional que esta descripción; Deyana vomitó, estuvo a punto de desmayarse y se resistió a pasar por este momento. Estas fueron las palabras de Deyana para la imagen del asesino de su padre:

> *"Señor, no sé ni su nombre, no sé porqué usted mató a mi padre, no sé que le motivó a hacer algo que acabó con mi vida también; mejor me hubiera disparado a mí...*
>
> *Yo no he podido dormir un solo día en paz, no puedo sonreír, siento miedo, y mucha rabia contra Dios, contra usted, contra la vida...*
>
> *Usted destruyó mi mundo, se llevó al papá mas hermoso del planeta, el ser humano mas maravilloso que yo había conocido; usted me dejó sin mi padre...."*

Deyana lloró desconsoladamente por varios minutos antes de poder continuar...

"Siento ganas de matarlo con mis propias manos, quisiera que usted sufriera lo que yo he sufrido, quisiera que se quemara en la hoguera pero que no muriera, que se lo coman los gusanos vivo en el ataúd y que demore allí encerrado ahogándose en su tumba por meses... No sabe usted cuánto lo odio!!"

Deyana gritó a todo pulmón que lo odiaba como cinco veces seguidas, en un momento donde toda su ira salió del alma... y siguió llorando... Cuando recuperó la calma otra vez continuó:

"Ahora entiendo que con este odio solo me estoy perjudicando yo. Este odio no va a resucitar a mi Papá, no va a castigarlo a usted y yo estoy destruyendo mi vida. Y no le voy a dar el gusto de quitar la vida de mi padre y ahora también destruir la mía.

Ahora entiendo que las personas actúan a veces sin pensar, presos de sus emociones, su dolor y sus angustias. Me imagino que usted debe haber sido uno de ellos, que sufrió mucho y se convirtió en la basura que es hoy.

Ya no voy a continuar con este odio, no lo necesito.

Quiero que usted sepa que yo no soy Dios para juzgarlo; tampoco represento la justicia de los hombres; así que lo libero de este castigo imaginario que yo le he impuesto y que solo ha servido para dañarme a mí.

Espero que algún día la justicia le encuentre y le haga pagar por su delito. Sea Dios quién también determine en su sabiduría el castigo que usted merece.

En lo que a mi respecta yo le perdono. Le perdono haberme quitado a mi Papá... le perdono haber destruido mi vida... le perdono por cada minuto de sufrimiento... y le dejo en paz... Que Dios lo ilumine..."

Deyana sintió en ese momento que se liberaba de un peso muy grande y sintió como toda esa energía negativa acumulada por años, salía de su cuerpo físico. Le invadió una paz muy grande y una corriente de energía recorrió todo su cuerpo.

Para completar su proceso Deyana le abrazó imaginariamente y selló ese pacto de perdón... Por un segundo le envió sus mejores deseos y le pidió a Dios que le bendijera y le curara todo ese odio que esa persona podía sentir.

A pesar del cansancio, Deyana decidió continuar con su proceso de limpieza; aunque ya mas tranquila y consciente. Procedió a perdonarse a sí misma por haberse sentido culpable de algo que nunca había hecho. Y luego continúo con el perdón a Dios.

Cuando Deyana perdonó al asesino de su padre, a Dios y a sí misma, encontró una gran paz y pudo redirigir su vida hacia el camino del éxito. Esa noche Deyana durmió profundo y tranquilamente, como nunca antes en tantos años. Esa misma noche, al dormir plácidamente, su cuerpo comenzó la sanación física de los daños causados producto de todas esas emociones negativas experimentadas por tantos años.

CAPÍTULO 7

❧ Fortaleciendo los beneficios del perdón ❧

Al perdonar su pasado y liberarse de odios y rencores, se encontrará más liviano emocionalmente y sentirá una gran libertad de vivir.

Los odios y rencores afectan nuestro cuerpo físico y nuestras emociones. Al estar libre de ellos accedemos a una salud mejorada y una nueva dimensión para disfrutar nuestros días.

Con el odio y el rencor producíamos permanentemente imágenes negativas que nuestro cerebro procesaba de modo automático. Esas imágenes afectaban nuestro estado de ánimo, dañando nuestra salud e impidiéndonos ser felices.

Justificar y mantener el odio dentro de nosotros, tenía una razón escondida en muchos casos. El odio nos servía para mantener una falsa sensación de seguridad. El odio nos recordaba la forma como habíamos sido dañados y estñabamos atentos a nunca más permitir que algo así volviera a ocurrir en nuestras vidas.

Al perdonar a las personas que nos hicieron daño, ese odio desaparece pero queda la alerta emocional del peligro que representa una situación parecida en el futuro.

Si por alguna razón volviésemos a ser dañados de la misma forma o por las mismas personas, nuestra mente emocional va a revivir ese odio que ya habíamos liberado con el propósito de protegernos de más daños similares.

Por ejemplo; si usted fue traicionado por su pareja y le perdona conscientemente, ese odio va a desaparecer y usted podrá reconstruir esa relación. Si luego su pareja le vuelve a traicionar, ese odio podría reproducirse porque la mente asociaría ese nuevo dolor a que usted relajó esas alarmas emocionales y volvió a cometer el mismo error. Así que todo el trabajo que había logrado en la relación se va a perder.

También podría pasarle que no entregue un perdón total y sincero, porque se considera todavía amenazado por la misma persona. Perdonar podría relajarle demasiado y por ende ser afectado negativamente por el presunto "agresor".

El temor de volver a ser dañados y de asociar el perdón a un relajamiento de los mecanismos de defensa naturales de la mente, podrían evitar que usted complete ese proceso de sanación.

En este capítulo voy a enfatizar en otros aspectos adicionales que necesitan ser tenidos en cuenta, una vez que usted logra perdonar verdaderamente a quiénes le han dañado.

La energía que consume el odio

Una vez que usted ha sido significativamente herido, esos recuerdos emocionales son guardados en su subconsciente con gran detalle.

Una función natural de la mente subconsciente es protegerlo de que esas situaciones vuelvan a ocurrir nuevamente. Para lograr este cometido, la mente subconsciente necesita estar segura que por ninguna razón usted olvide esas circunstancias y tome las medidas necesarias para prevenirle de sufrir un momento igual.

El odio es una forma "confiable" de estar alerta para no ser dañado otra vez.

Para mantener ese odio vivo, utilizamos una gran cantidad de energía interior. Mantener vivo ese odio requiere un desgaste significativo de nuestro cuerpo físico y el pagar un precio grande al alterar nuestra paz y nuestra calma.

¿Recuerden los momentos que sintieron odio, rencor, resentimiento? ¿que clase de reacciones físicas tuvieron? En muchos de estos momentos, el cuerpo genera químicos que nos preparan para enfrentar a nuestros "agresores" imaginarios. Esos químicos como la adrenalina en grandes cantidades, generan un desgaste en las células de nuestro cuerpo trayendo consigo una mala salud. Un efecto natural de la exposición a la adrenalina en el cuerpo, es el cansancio del cuerpo físico. Por eso andamos cansados y bajos de energía cuando estos momentos en los que hemos generado adrenalina, han terminado.

Producto de las imágenes que nuestro cerebro procesa debido al odio que sentimos, hemos estado envenenando nuestro cuerpo físico. De ahí que una persona que sostiene esta clase de sentimientos, tiende a enfermarse fácilmente. En muchos casos este odio degenera en enfermedades serias como el cáncer.

Con el perdón viene la liberación de la energía que utilizábamos para mantener vivo el odio. Por eso las personas que han logrado perdonar emocionalmente, expresan la sensación que se produce "como si me hubiera quitado un piano de la espalda…"

El perdón emocional trae una gran paz y la liberación de energía que antes servía para dañar nuestro cuerpo. Esa energía que queda disponible, puede ser utilizada para propósitos benéficos para usted y sus seres queridos.

La impotencia y el poder de la acción

La sensación de impotencia está presente en muchas de las oportunidades en las que reaccionamos instintivamente ante un evento de nuestra vida. La sensación de impotencia es tal vez el mejor aditivo para que perdamos la calma y nos apodere la rabia y el resentimiento.

Los eventos traumáticos de nuestro pasado que estaban revestidos por la impotencia para defendernos, quedan grabados en lo más profundo de nuestro interior. En aquellos pasajes donde tuvimos capacidad de acción, los recuerdos son menos agudos y nuestras reacciones mas maduras.

El sentirnos impotentes es sinónimo de tener que sufrir un dolor emocional y que no haya nada que podamos hacer para impedirlo. Es más serio cuando hay alguien que tiene control sobre nosotros y nos obliga a vivir un momento traumático. El caso típico son las violaciones, la tortura, la manipulación en el trabajo o los abusos de autoridad.

Sin embargo, la impotencia era una emoción común en nuestra niñez; ¿que podíamos hacer cuando niños ante la ira de nuestros padres por ejemplo? ¿Que podíamos hacer en relación a castigos que consideráramos injustos? Nada… Y esa incapacidad de actuar hizo que ciertos recuerdos quedaran grabados en nuestro interior con más detalle.

La impotencia está directamente asociada con la incapacidad de actuar y por ende aumenta la intensidad de los odios y angustias.

Lo opuesto a la impotencia, es la capacidad de actuar.

La capacidad de acción nos regresa a tener control sobre nuestras vidas, a sentir que podemos manejar las situaciones que nos rodean por difícil que sean; por ende reducimos nuestras alarmas interiores y la intensidad de nuestras reacciones.

Al actuar frente al "peligro" emocional, estamos en mejor control consciente y nuestras reacciones son más equilibradas.

Sin embargo venimos programados para dejarnos llevar por esa sensación de impotencia y pensar que no hay nada que podamos hacer frente a un "peligro" emocional. Como ya somos adultos, entonces podemos utilizar una herramienta típica para combatir nuestra impotencia natural que se llama la rabia. La rabia genera adrenalina, estimulamos los músculos, actuamos enseguida y combatimos esa impotencia subconscientemente.

El inconveniente de utilizar la rabia para combatir la impotencia, es que daña nuestro cuerpo y afecta las relaciones con los demás. La rabia hace parte de las emociones de un individuo; en este caso me refiero a rabias agudas y frecuentes que se disparan cuando nos sentimos "amenazados".

Una buena fórmula para sustituir la rabia por una emoción más benéfica y balanceada, es buscarle una acción alternativa que nos mantenga igualmente protegidos y que remueva la impotencia.

Si usted utiliza la rabia para acallar las voces que le critican, podría sustituir la rabia por el aprendizaje de técnicas para debatir sus ideas propiamente. Con un nuevo conocimiento ahora usted podrá "defenderse" sin necesidad de alterarse.

Usted puede sustituir la rabia por la capacidad de posponer los debates. Cuando siente que le está doliendo lo que le dicen y va a perder el control, exprese sus sentimientos y aprenda a posponer la conclusión del momento para otro día.

Podemos sustituir nuestras emociones protectoras instintivas por acciones que nos mantengan protegidos, que sean positivas para nuestro cuerpo y nuestra mente, y que nos permitan mejorar las relaciones con los demás.

Es su función ir sustituyendo sus reacciones instintivas por acciones conscientes que produzcan mejor resultado. Cada persona tiene emociones distintas y por ende para cada caso se requiere encontrar un reemplazo adecuado.

El proceso de encontrar este reemplazo adecuado es intelectual, es consciente. Cada vez que usted aprenda estas acciones nuevas, habrá madurado.

Comience hoy a aprender nuevos conocimientos para reemplazar sus reacciones instintivas emocionales. Aprenderá algo nuevo, madurará y disfrutará de mejores relaciones personales.

Siempre recuerde que usted dispone de una serie de opciones para elegir sobre como reaccionar ante un momento de tensión. Varias de esas opciones están bajo su control. Siempre dígase a sí mismo:

> *"Tengo opciones sobre como reaccionar en este caso. Estoy en control de mis opciones y puedo elegir aquella que mas convenga a mis intereses."*

La simple realidad de saber que usted puede protegerse de forma consciente, de que existen opciones bajo su control para manejar una determinada situación, elimina la impotencia y le regresa el manejo adecuado de sus emociones.

Reprogramando el subconsciente

Como las impresiones de los momentos traumáticos continúan grabadas en su mente subconsciente a pesar de haber perdonado, es importante madurar esas interpretaciones para ayudarle a manejar su vida positivamente.

En el caso de Deyana, ella tenía dificultades para amar libremente a los hombres que mas quiso. Siempre se buscaba excusas y barreras para apartarse de las parejas que más había amado. Lo que estaba ocurriendo en el interior de Deyana, era que no quería volver a perder al hombre que más amaba, tal como perdió a su padre. No necesariamente porque le fueran a asesinar a su pareja, sino perderla en cualquier forma. Para evitar ese dolor siempre dañaba las relaciones con esos hombres de forma tal que nunca tenía que pasar por el sufrimiento de que la abandonaran.

Esa era una reacción infantil a un momento traumático del pasado, pero estaba almacenada en lo más profundo de la mente subconsciente de Deyana.

Una vez logrado el perdón emocional también es necesario reprogramar positivamente esos recuerdos. Esta recomendación aplica a todas las personas que han genuinamente perdonado.

Usted puede mantener la capacidad de protegerse conscientemente de ser dañado en el futuro, pero al mismo tiempo necesita ser consciente de que la posibilidad de que los mismos eventos vuelvan a ocurrir son mínimas. Por tanto influir positivamente a su mente subconsciente para que haga una lectura madura de los hechos del pasado y decida tomar acciones balanceadas para protegerse, es complementario a perdonar.

La mejor manera de reprogramar los eventos grabados en la memoria emocional es a través de las meditaciones. Vaya al pasado, reviva esos momentos y aconseje con madurez a su niño interior en relación a la mejor manera de manejar su vida. Al terminar la meditación anote los recuerdos de la experiencia y compártalos con alguien. Compartirlos va a solidificar las decisiones tomadas.

Llenando el vacío de amor

El odio consumía un espacio en nuestro interior, que al ser liberado es necesario ocupar con emociones positivas.

La mejor emoción para llenar ese vacío es el amor.

Abrir las ventanas al amor y dejar entrar su luz, transformará su vida positivamente. Empiece consintiendo su cuerpo, entregando abrazos, ayudando a otros, haciendo sus sueños realidad, haciendo ejercicio y sobre todo repitiéndose a sí mismo cada vez que pueda "Yo valgo". Hágalo cuántas veces pueda cada día de su vida.

Vuelva a amar. Ame a su jefe, ame a sus vecinos, ame a su amigo, ame sus hijos, ame su trabajo, ame su esposo, ame a sus padres, ame a todos los que pueda. Amelos con abrazos, atenciones, interés, elogios, cariño. Ame su vida, disfrute el paisaje, ame su cuerpo. Abra las ventanas al amor; deje penetrar su claridad…

Adicionalmente despertar su espiritualidad le ayudará a potenciar esta nueva vida. En los próximos capítulos explicaremos los principios para despertar su espiritualidad.

A los hombres en promedio les cuesta un poco más entender los conceptos de la espiritualidad. La espiritualidad es intangible y por ende difícil de aceptar por nuestros sentidos físicos. La espiritualidad es un despertar a una forma positiva, comprensiva y amorosa de vivir la vida. En resumen vivimos mejor desarrollando nuestra espiritualidad y amando nuestro mundo.

La historia de Deyana Parte II

Deyana logró perdonar de corazón al asesino de su padre, como conté en el capítulo anterior, pero todavía faltaba más trabajo. A pesar de haberse liberado de todos esos rencores del pasado seguía con dificultades para amar.

Utilizando la técnica de meditación recomendada anteriormente, ella logró reprogramarse y ser feliz. En esa meditación Deyana inició recorriendo escenas de su pasado y reviviendo las relaciones románticas que no habían funcionado. Cuando llegó a su niñez, se dio cuenta que tan grande era el amor que ella sentía por su padre. Cuán diferente habría sido su vida si él hubiera estado vivo. Cuán duro había sido vivir sin él. Pero nada se comparaba con lo que había sentido el día que lo perdió. Revivir esos momentos era como sentir que una parte de su corazón se desgarraba y se desprendía de ella misma. Era como si una parte de sí misma le hubiera sido arrancada sin piedad y de un sólo golpe. Esa sensación era precisamente la que no quería volver a vivir.

En su meditación, llegado el momento de influir positivamente en su niña interior para poder cambiar esos recuerdos emocionales que tenía grabado en su subconsciente, se dirigió a su niña con palabras parecidas a estas:

"Deyana, esta ha sido una época dolorosa de nuestra vida y sé que has sufrido mucho... ya todo está pasando y una nueva vida nos espera... una vida llena de amor y de paz... Sin embargo necesitamos superar un tema adicional.

El miedo a perder el hombre que más quieres, está afectando las posibilidades de tener éxito en la vida de pareja.

Escúchame... Es verdad que hay una posibilidad de perder el amor de un hombre... y sé que no quieres volver a sentir ese dolor... tan solo que si ese momento llegase a pasar, ahora me tienes a mí... yo cuidaré de ti y te protegeré y tomaré las acciones necesarias para manejar correctamente esa situación y seguir adelante.

Confía en mí... Ahora, en caso de que ese amor se mantenga, podremos disfrutar de un hogar y una nueva vida que nos merecemos. Ya es hora de amar sin miedos y abrir las ventanas al amor...

*Abre las ventanas al amor, deja penetrar su claridad...
Ese pasado y ese dolor ya se han ido... Piensa en la alegría
de vivir, de tener de nuevo una ilusión... Sueña sin temor a
sufrir, que los sueños, sueños son... Vamos a volver a sonreír
y darle rienda suelta a la emoción... Al amar libremente
todo será mejor... Abre las ventanas al amor...*

Confía en mí, todo estará bien... te amo..."

De esa forma ese subconsciente de Deyana reprogramó sus memorias emocionales y se abrió al amor.

Deyana sustituyó la impotencia que le producía la imagen de sentirse sola, por la capacidad de relacionarse fácilmente y encontrar grupos sociales donde sus opciones para actuar en la mejor dirección de su vida se incrementaran.

Reemplazó la rabia con la que había tratado a sus parejas del pasado, por la capacidad de amarlos abiertamente. Y si por alguna razón ella tuviese que perder el amor de esa pareja, entonces estaba segura que de que sabría que hacer con su vida, para encontrar una nueva oportunidad de amar libremente.

CAPÍTULO 8

❧ La mente y la espiritualidad ❧

La espiritualidad en los hombres y las mujeres

La espiritualidad es un concepto amplio, complejo y yo diría mal interpretado. En los últimos años he notado como en las reuniones donde el tema central es la espiritualidad, hay una significativa mayor proporción de mujeres. Parecería que el tema despierta más interés en las mujeres que en los hombres.

La definición actual de espiritualidad es: La espiritualidad es el grado de adaptación de una persona o grupo de personas sobre el conjunto de creencias, pensamientos, conceptos, ideas, ritos y actitudes de naturaleza mística que se materializan en una sociedad (tomado de Wikipedia).

En lo que a este libro respecta, la espiritualidad es todo el conjunto de pensamientos e imágenes mentales, que despiertan y estimulan nuestros sentimientos más puros y nobles.

El propósito de este libro es el desarrollo de nuestra espiritualidad, concebido como una forma para suavizar nuestro carácter, elevar nuestros sentimientos más puros y despertar el amor en nuestros corazones. La espiritualidad nos ayuda a triunfar en nuestras metas materiales, sociales, académicas, emocionales y de salud.

Hace poco leía unos estudios realizados entre un gran público femenino, donde la espiritualidad en los hombres era considerado un importante factor de atracción.

Los hombres que desarrollan su fase espiritual fortalecen su capacidad de acción y mejoran la comunicación con el sexo opuesto.

No es fácil para un hombre creer en lo que no puede ver. La naturaleza intelectual de los hombres les lleva a usar la lógica y el raciocinio para dar validez a todo aquello que no hace parte del mundo físico; de todo aquello que no se puede evaluar con los cinco sentidos. Esta aseveración no es una generalización; hay muchos hombres que disfrutan de una espiritualidad fina y sustanciosa. Sin embargo una alta proporción del total tiene dificultades para sumergirse en este mundo.

Para las mujeres la espiritualidad parece ser un mundo más natural. Tal vez de ahí venga el famoso sexto sentido femenino. A lo mejor ese sexto sentido les permite conectarse con el mundo espiritual con mayor facilidad.

Lo cierto es que la espiritualidad es positiva para el cuerpo físico, las emociones y el espíritu. A través de la espiritualidad nos conectamos con Dios, incentivamos la intuición y la clarividencia. La espiritualidad potencia la capacidad de aprender, el manejo de nuestros conflictos y la comprensión de nuestra vida.

A continuación vamos a introducirnos con mayor profundidad en las aguas del mundo espiritual.

El lenguaje natural de la mente

El cerebro funciona con base en imágenes. Las imágenes que se producen una vez que el cerebro procesa las señales provenientes de los sentidos, generan una serie de reacciones en el cuerpo; estas reacciones pueden variar dependiendo de la interpretación que le demos a esas imágenes.

Si una persona ve a un mendigo acercándose a su casa, posiblemente vaya y busque comida para regalarle y se sienta conmovido por los sufrimientos de esa persona. En las mismas circunstancias otra persona que en su niñez vio como un mendigo entró a robar a su casa y golpeó a su hermano, posiblemente sienta miedo y le ponga seguro a la puerta.

La interpretación a las señales de los sentidos, despiertan imágenes en el cerebro que generan emociones y acciones. La interpretación de una situación varía con cada persona y por eso cada persona puede tener reacciones y emociones diferentes ante el mismo estímulo.

Por otro lado, el cerebro humano tiene la capacidad de inducir la generación de químicos naturales que regulan y afectan el cuerpo físico. La adrenalina por ejemplo, es generada ante una situación de peligro. Utilizando las imágenes adecuadas podemos inducir al cerebro a producir sustancias positivas para nuestra sanación por ejemplo.

Voy a ampliar un poco más este punto. La ciencia ha demostrado que la composición química del cerebro tiene un impacto directo en nuestras emociones y comportamientos. Gracias a esos descubrimientos científicos, existen medicinas para manejar la depresión y otros desórdenes emocionales. Modificando la composición química del cerebro se puede alterar el comportamiento de las personas.

La forma natural de producir el mismo efecto en la composición química del cerebro es a través del pensamiento y las imágenes que se producen en nuestro cerebro. Imágenes y pensamientos negativos inducen al cerebro a producir químicos para nuestro cerebro y nuestra mente, que son tóxicos y dañinos. Pensamientos e imágenes positivas inducen el cerebro a estimular las diferentes glándulas del cuerpo para que produzcan sustancias positivas, sanadoras y revitalizantes para nuestro cuerpo físico y nuestro cerebro.

También podemos usar imágenes para estimular nuestra mente emocional a recordar eventos del pasado, motivar nuestro niño interior a cooperar con la consecución de nuestros sueños y metas, despertar nuestros sentimientos mas nobles y conectarnos con la fuerza espiritual de un ser superior al que llamamos Dios.

La utilización de las imágenes y pensamientos, a través de la meditación, tiene una gran capacidad de modificar positivamente nuestro comportamiento y nuestras emociones. Desde el punto de vista metafísico existen miles de teorías y creencias sobre la incidencia de la espiritualidad en el mundo físico.

Cuando se afirma que todo lo que pensamos constantemente se hace realidad, estamos diciendo que la máquina que fabrica nuestro mundo físico se llama la espiritualidad.

Todos somos seres espirituales; hombres y mujeres. La calidad y la pureza de la espiritualidad varían con cada individuo. Por eso es importante que las personas cuiden su espiritualidad y su cuerpo, simultáneamente.

La mente es la máquina primaria con la cuál potenciamos nuestra espiritualidad. Aumentar el poder de nuestra mente ayuda automáticamente a disfrutar de una espiritualidad mas elevada.

Para desarrollar el poder de la mente, podemos utilizar un sistema de meditación como el que hemos sugerido en este libro. La utilización de estas meditaciones con un propósito específico, aumentan la salud del cuerpo y despierta la espiritualidad.

Como ya introdujimos anteriormente las bases del sistema de meditación, voy a enfatizar en el uso de la misma para diferentes propósitos.

El poder de la mente en la sanación del cuerpo físico

La mente subconsciente administra la fase automática de nuestra salud. Conscientemente no necesitamos estar pendientes de la respiración, el fluir de la sangre, ni de ningún sistema autónomo. Es la mente subconsciente quién se encarga del manejo de nuestra salud a su nivel mas profundo.

Cuando dormimos el consciente se apaga, pero el subconsciente sigue funcionando. Durante el período que estamos dormidos la mente proyecta imágenes que nosotros llamamos los sueños; esas imágenes producen reacciones emocionales y en muchos casos físicas. Por eso nos despertamos de las pesadillas con el corazón latiendo rápidamente y algunas veces cansados. Las imágenes de los sueños influyen directamente en nuestro cuerpo.

Piensen un poco en esto. La diferencia entre el pensamiento y el sueño, es que el primero es conscientemente dirigido por nosotros y el segundo esta fuera de nuestro control consciente. Sin embargo para nuestro cerebro las imágenes en uno y otro caso, producen reacciones físicas.

Durante el sueño tenemos ciclos donde la actividad cerebral cae a unos niveles muy bajos, hasta el punto que es difícil despertar. Esos momentos de mínima actividad cerebral, que duran aproximadamente 10 minutos, son utilizados por la mente para producir las sustancias necesarias para reparar los tejidos de nuestro cuerpo y restituir nuestra salud. Eso son los momentos en los que descansamos profundamente.

Cuando hemos tenido un día agotador y llevamos nuestro cuerpo al límite, la mente se mantiene más tiempo durante el sueño en ese período de recuperación de la salud. Es por eso que quedamos "profundos" cuando llegamos cansados. Lo que en realidad está pasando, es que el cuerpo está recuperando y regenerando el cansancio y el desgaste físico; por ende necesita más tiempo de lo normal para realizar su trabajo.

El cuerpo se acostumbra a las horas del sueño, se acostumbra a la rutina. Y automáticamente genera esos químicos en los tiempos que se ha acostumbrado al dormir. Cuando rompemos esa disciplina, por ejemplo cuando nos vamos de fiesta y llegamos al amanecer, entonces nos dormimos a una hora no acostumbrada. En esos sueños fuera de las horas normales, la mente no logra llegar a la profundidad acostumbrada porque ha perdido su disciplina y por ende la recuperación del cuerpo físico no es la misma. De esa forma cuando nos levantamos por la tarde después de habernos acostado en la madrugada, nos sentimos todavía agotados y extraños.

La mente subconsciente tiene la capacidad de producir anticuerpos, sustancias rejuvenecedoras, reconstructores, sustancias curativas y todo tipo de químicos únicos y especialmente diseñados para nuestro cuerpo físico. El poder natural sanador de los químicos que producimos durante el sueño es sorprendente y poco apreciado.

Cuando perdemos la capacidad de dormir bien, por la razón que sea, nuestro cuerpo físico sufre porque no logra sanarse correctamente cada día. A las personas que no están durmiendo bien se les reconoce enseguida. Al no dormir correctamente la salud sufre, el cerebro sufre, las emociones sufren. Después de un período prolongado de estrés y sufrimiento, donde las personas pierden el sueño, es común ver la presencia de enfermedades.

El ejercicio físico trae como consecuencia natural, la necesidad del cuerpo de permanecer mas tiempo durante el sueño produciendo las sustancias necesarias para reparar el desgaste físico ocasionado por el ejercicio. De esa forma nuestra salud mejora, ya que estamos más tiempo expuestos a esos momentos donde el cuerpo restaura sus tejidos.

De esta realidad física viene el famoso refrán: "Mente sana en cuerpo sano"; yo le agregaría "y viceversa ". Podemos inducir la mente subconsciente a producir esas sustancias de vida maravillosas que están en nuestro cuerpo, a través de las meditaciones.

Explicar los detalles de estas meditaciones en un libro podría ser muy largo. Para disfrutar de estas meditaciones profundas y sanadores es que preparamos nuestro seminario vivencial Yo Positivo. Lo que si podemos hacer en este libro es dejar establecidos sus principios.

Al estar en contacto con el niño interior, tenemos acceso a la mente subconsciente. Guiando a ese niño interior a curar nuestro cuerpo físico utilizando las medicinas que ese niño considere adecuadas, equivale a estimular imágenes poderosas que activan la capacidad sanadora natural de la mente subconsciente. Estas imágenes producen un efecto positivo automático en el cuerpo, trayendo salud y belleza.

Si durante las meditaciones orientadas a mejorar nuestra salud utilizamos nuestro niño interior para curar nuestro cuerpo físico, estamos haciendo el equivalente a inducir nuestro cerebro a que estimule la generación de las mismas sustancias naturales que la mente usa durante el sueño para sanar nuestro cuerpo.

Estas sustancias sanadoras naturales de nuestro cuerpo, ayudan a prevenir enfermedades, rejuvenecer nuestro cuerpo y revitalizar nuestra vida. Durante esas meditaciones deje su mente fluir libremente, y guiado por su intuición permita a su niño interior elegir y aplicar las medicinas necesarias para corregir sus desbalances de salud y mejorar su cuerpo físico.

En el seminario vivencial Yo Positivo, profundizamos en el uso de estas técnicas para incrementar la capacidad natural de sanación del cuerpo. Usted puede ingresar a nuestra website siguiendo las instrucciones que se encuentran en el Apéndice I y descargar la meditación de obsequio para los lectores del libro.

El poder de la mente en la búsqueda de la sabiduría

Los sueños son una gran fuerza creativa. Estimulados por nuestros deseos y necesidades, la mente subconsciente busca en el sueño respuestas a nuestros interrogantes.

Cuando nos cuestionamos con profundidad y lo hacemos justo antes de dormir, estamos induciendo a la mente subconsciente a buscar respuestas para nosotros. Una vez que la mente encuentra una respuesta, este se revela a través del sueño mismo. Ese recuerdo queda grabado y posteriormente se manifiesta en un momento de luz e inspiración, como un impulso eléctrico, que nos trae la sabiduría que estábamos necesitando.

De la misma forma que en la sanación, podemos utilizar el poder de las meditaciones para estimular nuestra mente subconsciente a buscar la sabiduría que necesitamos. Para lograr este propósito necesitamos utilizar el sistema de hacer preguntas y esperar las respuestas.

Durante la meditación elija un sitio específico donde pueda proyectar las imágenes que representen sus dudas, que manifiesten la necesidad y la importancia de encontrar esas respuestas. Y deje las preguntas grabadas en ese sitio, ya sea en una pared, en un aviso o en cualquier forma de representación física.

También haga preguntas a su niño interior aunque no encuentre respuesta inmediata. Y espere pacientemente a que la respuesta se manifieste en sus sueños o en su mundo consciente en cualquier momento. Le recomiendo tener una libreta de notas y un bolígrafo cerca a su cama, por si la respuesta llega durante las horas del sueño y usted se despierta con el recuerdo fresco de lo que ha soñado.

En el capítulo siguiente introduciremos una fase adicional del mundo subconsciente, que potenciará la capacidad de buscar sabiduría a través de las meditaciones.

El poder de la mente utilizado en la consecución de nuestras metas

Motivar correctamente nuestra mente subconsciente, despierta la pasión por conseguir nuestros sueños. Y como ya hemos oído, la suerte es la medida del entusiasmo.

Manteniéndonos entusiasmados y apasionados en el camino de lograr nuestros sueños, nos acercaremos mas rápidamente a su manifestación en el mundo físico.

A través de las meditaciones podemos utilizar el poder de la mente subconsciente para remover los bloqueos que impiden el flujo natural de nuestro entusiasmo. Para ello motive a su niño interior tal como lo haría un entrenador con el mejor jugador de su equipo. Hágalo con palabras positivas, mostrando el camino, enseñando que se puede; aceptando que habrán obstáculos que les llevarán al éxito y que juntos podrán superarlos.

Muestre a su niño interior, escenas del futuro con los éxitos ya logrados y sus beneficios. Esas imágenes mantendrán la motivación latente.

Es importante aclarar que la experiencia de motivar su niño interior para lograr sus metas personales, sin antes haberse limpiado interiormente a través del perdón es menos poderosa. Solo cuando su corazón se ha limpiado y usted se encuentra en paz, podrá disfrutar de esta forma de incrementar su motivación y entusiasmo.

Si usted no se encuentra en paz, su niño interior podría estar atemorizado y por ende en conflicto con sus deseos conscientes. Es muy importante vivir todo el proceso de limpieza que hemos explicado en los capítulos anteriores, antes de utilizar esta técnica.

La historia de Graciela

Graciela tenía cáncer intestinal. Dado el progreso de la enfermedad se encontraba en sus últimos días de vida. Su madre preparaba su funeral cuando le enseñamos a Graciela la técnica de auto-sanación usando el poder de la mente.

Graciela ligeramente podía mover los dedos de la mano y una parte de la cara. Con un dedo pudo comunicarse para hacer preguntas y explicar que había comprendido las instrucciones que le habíamos impartido. Luego procedió a poner en práctica lo aprendido, para mejorar su salud y salvar su vida.

Por un tiempo guiamos a Graciela en sus meditaciones, hasta que ella misma nos dejó saber que ella podía continuar el trabajo por sí misma. El testimonio que comparto a continuación está basado en las conversaciones que sostuvimos luego de que Graciela pudo recobrar el habla, estando aún en la clínica.

Graciela contaba que en las meditaciones visitaba a su niña en un jardín floreado y mágico. Al inicio le fue difícil conectarse con la imagen de su niña, pero con el paso del tiempo los encuentros se volvieron más fáciles y productivos.

Según su relato, en esos encuentros descubrió que cuando era pequeña fue abusada sexualmente por un jardinero de la finca de su padre. Y fueron varias veces, pero ella era tan solo una niña y tenía miedo.

De esos momentos le quedaba el recuerdo del olor de ese hombre y el asco que desarrolló por su propio cuerpo. Ella se recriminaba que se cuerpo le había traicionado durante las violaciones de las que fue objeto. Ese odio por su propio cuerpo le acompañó en su vida adulta y colaboró en la creación de una enfermedad terminal.

Por años Graciela fabricó imágenes negativas en su mente, relacionadas con su cuerpo físico. El continúo fluir de esas sustancias negativas fue neutralizado por la fuerza de la juventud. Cuando fue pasando el tiempo y empezó a dormir mal, sus defensas disminuyeron y las sustancias negativas se concentraron en su sistema intestinal, produciendo un cáncer severo.

En el proceso de mejorar su salud Graciela comenzó perdonando a ese jardinero y comprendiendo que ella no tenía la culpa de lo que había pasado, menos su cuerpo. Comprendiendo que su enfermedad estaba influenciada por su odio y sus recuerdos emocionales, procedió a iniciar su curación.

En cada sesión, su niña interior usaba las manos físicas para limpiar sus órganos de cualquier enfermedad y equilibrar el balance químico de sus células. Cada vez que la niña le curaba sus órganos, sentía un alivio en sus malestares. Con cada nueva sesión fue empezando a sentir su cuerpo recuperando su energía y sus síntomas vitales comenzaron a mejorar.

Las escenas que voy a relatar a continuación son el resultado de algunos comentarios de Graciela durante una de sus meditaciones, en donde ella todavía necesitaba guía. Tal vez las escenas no sean exactas a las vividas por ella en su mente, pero el orden y los momentos más destacados si lo son. Para facilitar la comprensión de esta lectura, les voy a narrar la meditación de Graciela en tercera persona:

> Graciela entró al reino de su mundo subconsciente. Disfrutaba de la belleza del sitio y la paz de que le inspiraba esa naturaleza. Graciela comenzó a caminar en dirección a un jardín especial. Ya había estado en ese jardín en un par de oportunidades anteriores.

> Al llegar al jardín pudo ver ríos de agua cristalina, grandes árboles y una vegetación exótica. En el sitio

solo se escuchaba el correr de las aguas, el viento acariciando las hojas y los sonidos de los pájaros y las ranas. Era un jardín mágico, místico, sobrenatural.

Graciela llegó a un espacio abierto donde había unos árboles diferentes, que ella misma enunció como los árboles de la salud. Los frutos de esos árboles traían curas especiales específicas para su enfermedad.

Ella comenzó a comer de esos frutos exóticos. Mientras los saboreaba en su meditación, podía sentir como una energía recorría su cuerpo, limpiando su sangre y trayendo vida a cada célula. Cada fruta reenergetizaba diferentes centros vitales. Comió frutas para el sistema linfático, el sistema óseo, el sistema muscular, la piel, el sistema digestivo, el sistema respiratorio, los sentidos y el cerebro.

Demoró un tiempo importante disfrutando los efectos sanadores de cada una de las frutas. Por momentos sentía un frío recorriendo su cuerpo y luego calor.

Completada la sanación en el jardín de la salud, Graciela caminó a una cabaña que se encontraba frente a un manantial con agua de un color diferente. A pesar de ser cristalina y dulce, el agua de ese manantial contenía unos minerales y elementos únicos. El manantial estaba compuesto de todas las medicinas naturales que su cuerpo necesitaba para sanarse totalmente. Ese manantial era la fuente de vida que ella necesitaba para sanar su cuerpo físico. Esa agua contenía todas las medicinas naturales que su cuerpo necesitaba.

Al entrar a esa cabaña, Graciela encontró una camilla y unos equipos médicos parecidos a los que tenía conectados a su cuerpo.

Inmediatamente pudo reconocer la presencia de su niña interior, que lucía tal como ella vestía para ir al colegio cuando tenía 8 años de edad. La niña vino hacia ella y le abrazó con mucho cariño. Dado que era su tercer encuentro, ya habían desarrollado una relación cercana.

Graciela se acostó en la camilla y automáticamente todos los aparatos comenzaron a funcionar. Podía reconocer el sonido de cada uno de ellos. Mientras estaba en la camilla, su niña introdujo las manos en el manantial y regresó con las manos totalmente iluminadas y envueltas con una energía especial para la sanación.

La niña se acercó a la camilla y atravesó con sus manos el cuerpo de Graciela a la altura del abdomen. Las manos de la niña pasaron fácilmente a través de la piel y se posaron en los intestinos de Graciela. Apenas los dedos tocaron los intestinos, la luz de las manos de la niña se traspasó al cuerpo de Graciela y su abdomen se iluminó totalmente.

La niña tocaba con su dedo índice derecho, el área del cuerpo que tenía el cáncer. En la medida que ese dedito tocaba la parte afectada, las celular cancerígenas desaparecían y los tejidos retomaban su forma natural. Una y otra vez la niña sanaba las partes afectadas y Graciela solo podía sentir unas cosquillas indescriptibles en su abdomen y una luz celestial que iluminaba el sitio.

Mientras la sanación se llevaba a cabo, Graciela le pedía perdón a Dios por no haber cuidado su cuerpo. Pedía también para que la persona que le violó cuando pequeña, fuera favorecida por la misericordia de Dios.

Cuando la sanación concluyó, las máquinas que estaban alrededor se habían silenciado y su funcionamiento había concluido. Para finalizar, su niña que aún mantenía sus manos rodeadas de luz, limpió sus órganos genitales dejándolos limpios e iluminados. El cuerpo de Graciela lucia rejuvenecido, limpio, sano, hermoso, lleno de vida.

Graciela saltó de la camilla y abrazó a su niña dándole las gracias por la sanación realizada. Le prometió volver prontamente, a lo cual la niña asintió con gran ilusión.

Salió del Jardín de la salud y regreso caminando a su mundo consciente, de regreso a la sala del hospital donde se encontraba recluida.

Graciela realizó este mismo ejercicio en promedio tres veces al día. Seis meses después Graciela regresó a su casa caminando por sus propios medios. Ella murió dos años mas tarde en un trance corto donde sufrió muy poco.

Graciela pudo utilizando su mente, traer sanación a su cuerpo y mejorar significativamente su calidad de vida. A través de las meditaciones y el perdón, su cuerpo físico reaccionó positivamente.

CAPÍTULO 9

❧ Despertando el Yo Espiritual ❧

Todos tenemos una fase espiritual dentro de nosotros mismos. La sicología la identifica con varios nombres como el yo superior o el alter ego; en este libro lo llamaremos el Yo Espiritual.

La naturaleza del Yo Espiritual como su nombre lo indica, está conectada a una fase de nuestra sicología que está apartada del mundo físico. Es la parte de nosotros que nos habla a través de la intuición y nos inspira los sentimientos mas puros y nobles.

En su esencia, el Yo Espiritual activa una serie de comportamientos y habilidades en nosotros que desconocemos. Algunos de esos comportamientos afloran con frecuencia y otros nunca los hemos experimentado.

El Yo Espiritual es una fuerza de amor. Se mueve en nuestra vida en la medida que estamos plenos de paz y tranquilidad y desaparece cuando estamos presos del miedo y el odio. El medio ambiente requerido para la presencia del Yo Espiritual está compuesto por la paz, la fé y el amor.

Las expresiones físicas y beneficios que provienen de vivir con el Yo Espiritual activo dentro de nosotros, varía de persona en persona. En general escucho testimonios de personas que al activar su Yo Espiritual expresan haber adquirido una gran sensibilidad por los mas necesitados, haber incrementado su capacidad de percibir el futuro, haber desarrollado una importante habilidad por escuchar y comprender a los demás y sobre todo una gran conexión con Dios.

La energía del Yo Espiritual está directamente conectada a la percepción que tenemos de Dios, lo cual es un tópico controversial. Por tanto vamos a dedicar un espacio a reflexionar un poco acerca de Dios.

Acerca de Dios

Hablar de Dios para algunas personas suena a religión; algunas veces las religiones traen recuerdos no placenteros y por ende existe un cierto rechazo al tema religioso.

La creencia en Dios tiene una influencia significativa en la calidad de vida de una persona. Cada persona tiene derecho a elegir la religión con la cual se sienta identificado. A muchos la religión se la escogieron sus padres; algunos la mantienen y son felices con ella, otros la cambian por otra con la que se sienten mas a gusto. Algunas personas no creen en Dios, otros creen en el Universo y otros creen en un ser superior concebido de acuerdo a su mundo interior. Cada persona escoge su forma de acceder a Dios. La libertad de elegir esa vía de acceder a Dios es un derecho humano que merece respeto.

Con ese mismo respeto comparto con ustedes mis impresiones acerca de Dios.

Buscando que había en común entre una persona que profesa la religión católica o cristiana en cualquiera de sus ramas, la judía, la musulmana, la taoísta, la budista, un indio arahuaco, un hindú, un alcohólico anónimo recuperado o cualquier persona que crea un Dios, encontré un factor común importante.

En su gran mayoría, los seres humanos creen en un ser superior que muchos llaman Dios. La forma para acceder a Dios incluyendo su nombre, varía de religión en religión. Encuentro personas que creen en el universo a quién le atribuyen poderes similares a los que se le atribuyen a Dios en una religión común. Por miles de años los primeros habitantes de la tierra, alabaron al sol y a la luna como si fueran Dios. Y le atribuían poderes similares a los que se les atribuyen en las religiones a Dios. Cada uno a su manera elije una disciplina y unos rituales para llegar a ese Dios, los cuáles conocemos por el nombre de religión.

A través del tiempo y la pluralidad religiosa, los seres humanos hemos creído en un ser superior a nosotros. La creencia en ese ser superior es inherente a la naturaleza del ser humano. Esa creencia en un ser superior, que en adelante llamaremos Dios, transforma el comportamiento de las personas positivamente, cuando se complementa con la ausencia de miedo, odio y dolor.

Hoy en día existen proyectos enteros para demostrar que Dios no existe. Un minúsculo grupo de seres humanos ha invertido tiempo y dinero comprobando que Dios no puede existir en el espacio, en el universo o en la creación. Afirman que no hay una sola prueba de su existencia.

Yo creo que Dios no habita en el mundo físico. Estos señores están buscando a Dios en el sitio equivocado. Dios existe o deja de existir de acuerdo a las creencias de cada ser humano, porque el mundo de Dios se encuentra en nuestro mundo interior. Aunque la gente mire al cielo cuando le reza a Dios, aunque extendamos los brazos para alabar a Dios, eso no quiere decir que Dios está en la estratósfera. Dios toma vida en nuestros corazones, en nuestras mentes, en nuestro espíritu. Algunas personas me han retado a que demuestre que Dios existe y yo les digo si pueden comprobar que los pensamientos existen. Nadie ha visto nunca un pensamiento y todos sabemos que están allí.

Aún las religiones que alaban las representaciones de Dios con una forma humana, lo hacen utilizando personas que ya han fallecido. En realidad su conexión con Dios es a través de imágenes y pensamientos; tan solo se les hace más fácil porque pueden imaginarlo con una forma física.

A continuación vamos a explicar una fase del subconsciente que está relacionada con la existencia de ese poder tan grande que reposa dentro de nosotros, que algunos llamamos Dios.

El puente que nos permite conectarnos con el mundo de Dios es nuestro Yo Espiritual. Nuestro Yo Espiritual es el camino a un nuevo mundo interior, es el camino al mundo de Dios.

La relación con el Yo Espiritual

Para que ese Yo Espiritual despierte y puedas vivir la dulzura de su existencia, usted necesita estar libre de odios y rencores. Dado que ya hemos hablado lo suficiente sobre ese tema, asumo que usted ha podido librarse de esas ataduras del pasado. Estos son algunos de los hábitos necesarios para poder activar y mantener su Yo Espiritual activo:

Evitar el resentimiento

Los resentimientos son una buena medida para saber que nuestro nivel de autoestima no está en su puesto. Cuando nos encontremos resintiéndonos con frecuencia, es porque algo nos está doliendo y ese dolor está robando nuestra paz.

Muchos resentimientos juntos son tan dañinos como el odio. Para eliminar los resentimientos de nuestra vida, utilizaremos una técnica un poco exigente al principio pero muy benéfica a largo plazo.

Cada noche antes de dormir, prenderemos una vela en nombre de las personas que nos hirieron durante el día. Apenas la vela esté prendida rezaremos deseando lo mejor a esa persona; le desearemos salud, prosperidad, bendiciones y mucho amor. Imagine a esa persona recibiendo todos esos beneficios mientras reza y luego permítase imaginar que la luz de esa vela quema sus resentimientos y le permite dormir en paz.

Al prender la vela quédese mirando fijamente su luz y visualice como esa luz quema el resentimiento acumulado en su interior hacia una persona específica. Luego puede rezar una oración como esta:

> *"Esta luz se ha encendido por la paz, la salud y la prosperidad de Erika. Que el señor la ilumine y la colme de éxitos y bendiciones"*

Asuma que en este caso Erika es una persona ficticia que usé como ejemplo, pero que por cualquier razón ha hecho algo que a usted le resintió. Le invito a hacer este mismo ejercicio con sus peores enemigos o la gente que usted mas deteste. Sentirá una gran paz antes de dormir.

Mantener la humildad

Mientras estemos presos de la prepotencia, las apariencias, los bienes materiales y el que dirán de nosotros, es difícil despertar nuestro Yo Espiritual.

Todos los seres humanos somos ignorantes, tan solo que en cosas distintas. El dinero compra compañía pero no compra amor. Ni la educación ni el dinero nos hace mejor que nadie; mucho menos el apellido o la clase social.

El día que nos liberamos de la creencia errada que somos mas que otros por la razón que sea, encontramos una gran libertad de vivir en un nuevo mundo de posibilidades y oportunidades. La esclavitud que produce la presión de ser como los demás esperan que seamos, no permite la libre expresión de ese ser espiritual.

La mejor manera de mantener nuestra humildad es salir de nuestra zona de seguridad y explorar el mundo que no conocemos. La aventura de aprender de quiénes son diferentes a nosotros, abrirá nuestra mente y nos hará mas humildes.

Para que usted pueda comprender esta realidad en su mundo consciente, elija una actividad que no haya realizado nunca antes en su vida y apréndala. Observe el proceso de aprendizaje, reconozca las emociones que le despierta el no saber como hacer algo, fortalezca su humildad y forje su carácter.

Para darle ideas, busque actividades contrarias a sus fortalezas y conocimientos. Aprenda pintura, a tocar un órgano musical, karate, Pilates, a saltar en paracaídas, a invertir en el mercado de valores, a tomar clases de zumba, a cocinar, a elaborar artesanías, a manejar botes, a bucear, windsurf, surfing, tome clases de teatro y cualquier actividad desconocida para usted.

Al salir de su zona de seguridad usted volverá a sentirse vivo y a darse cuenta que tenemos mucho que aprender de los demás. Esa creencia lo mantendrá humilde.

Orar con frecuencia

Orar tiene un poder mágico. Si usted es de los que no ora con frecuencia, estas son algunas recomendaciones que le ayudaran a fortalecer su capacidad de orar. Para las explicaciones que siguen a continuación asumo que usted está rezándole a Dios y que por supuesto tiene fé en su existencia.

Es importante orar con frecuencia. Si usted no ora nunca, empiece orando una vez al día y luego intensifique sus oraciones. Para orar sólo se necesitan de 10 a 15 segundos en cada oportunidad y usted lo puede hacer virtualmente en cualquier sitio.

Para orar puede utilizar la oración que mas le conecte; si usted tiene una religión que practica, elija una oración que sea significativa para usted. Ore al menos 5 veces al día, por 10 segundos. Con ese hábito y su corazón limpio de rencores, usted despertará la presencia de Dios en su interior. Para los que se inicien en el proceso de orar con frecuencia, comparto con ustedes una oración corta que pueden usar mientras adquieren la costumbre:

> *"Dios mío escucha mi súplica*
> *despierta tu presencia en mí*
> *ilumina mi camino y*
> *otórgame tu paz."*

Orar con frecuencia y por espacios de tiempo mas largos, trae paz y aleja el miedo y el dolor. Cuando tengamos angustia o estemos presos del dolor y el miedo, rezar sostenidamente y con frecuencia trae una gran paz y tranquilidad. El entregarse a una sesión de oración con el único propósito de encontrar ese mundo de Dios dentro de nosotros, despierta nuestra espiritualidad y trae mucha paz.

Si usted es de los que asiste a los servicios religiosos de su comunidad, en adelante hágalo con la consciencia de conectarse con esa fuerza de Dios. No haga esos rituales repitiendo y tan solo por cumplir. Hágalo con toda entrega y conexión desde su interior.

Si usted no asiste a ningún servicio religioso, entonces dedique una sesión de una hora a la semana mínimo, a solo orar y conectarse con Dios. Una hora a la semana de conexión pura es suficiente para mantener la presencia de Dios en su interior.

Pedirle ayuda a Dios

Acerca de como pedir a Dios por nuestras necesidades hay diferentes interpretaciones y enunciados. Usted siga la doctrina que su religión le indique. Sin embargo voy a realizar un aporte personal a este tópico acompañando de una sugerencia que usted puede descartar o incorporar en sus hábitos.

Rezar a Dios pidiendo específicamente por una necesidad que tenemos, podría fortalecer una creencia en nuestro subconsciente que impediría que tomáramos acciones para resolver esa situación.

Voy a emplear un ejemplo para ilustrar este caso.

Ana Lucía estaba asustada porque no tenía con que pagar la tarjeta de crédito y se le iba a dañar su historial crediticio. Estaba sin empleo, sin ahorros, se había gastado un dinero que le había prestado su mamá para que pagara sus estudios; literalmente no tenía para comprar comida.

Acababa de aplicar para un trabajo nuevo y le iban a responder al día siguiente. Esa noche Ana Lucía podría escoger orar de dos formas. Este es el ejemplo de su oración, ilustrando la primera opción:

"Dios mío, tu que nunca me abandonas y me desamparas, te pido que me consigas ese empleo por favor. Te lo ruego, te lo pido de todo corazón, ya no tengo ni para el mercado y mi Mamá me va a regañar cuando se entere que me gasté el dinero de la Universidad. Tú que obras milagros y ayudas a los necesitados, tú que has sido mi fuerza y mi inspiración, tú que todo lo puedes, haz que la respuesta de mañana sea positiva.

Si me concedes ese deseo te prometo que voy a ir a misa todos los días por tres meses.
Gracias por escucharme Dios mío..."

Esta es una hermosa petición llena de buenos sentimientos y claridad. Voy a destacar un efecto emocional que se describe en esta oración.

Ana Lucía estaba presa del pánico, paralizada, sin mas opción que un milagro. Esos sentimientos se reflejaban en su oración. De no concedérsele su deseo, Ana Lucía entraría en un bajón emocional tal vez severo y profundo. Adicionalmente ese bajón podría afectar su fé en Dios.

Orar de esta forma refuerza una sensación de impotencia y una especie de exigencia a Dios. Muchas veces en los planes de Dios se encuentran pruebas y retos que a nosotros no nos van a gustar al principio, pero que algún día en el futuro agradeceremos con entusiasmo. A veces es posible que Dios ignore nuestras oraciones, por nuestro propio beneficio. Y si las cosas no salen como queremos, podemos reaccionar con rebeldía y desencanto, lo cuál solo empeorará la situación.

Esta es la segunda oración que Ana Lucía podría rezar esa noche:

"Dios mío, me encuentro sufriendo y angustiada por mi situación económica; ya no tengo ni para el mercado y mi Mamá me va a regañar cuando se entere que me gasté el dinero de la Universidad.

Por mi irresponsabilidad e inmadurez, he llegado a esta situación. Y ahora necesito de ti.

Te entrego señor mis culpas, mis angustias, mis miedos, mi dinero, mi futuro. Yo reconozco que no he sido suficientemente disciplinada para manejar mi destino. Te entrego también mi indisciplina y mi irresponsabilidad.

Dame la sabiduría para sobreponerme de mis propias limitaciones y construir un futuro exitoso.

Mañana es un día importante para mí, tú lo sabes. Si es para tu gloria y para el bien de mi alma concedeme la oportunidad de arreglar mis asuntos, me harías muy feliz Dios mío.

Si en tu haber consideras que no me conviene ese trabajo, sabré aceptarlo y entenderé que así debe ser por mi propio bien.

Te prometo que continuaré buscando las soluciones necesarias para salir adelante de este momento difícil y mi fé en ti se mantendrá intacta porqué se que siempre quieres lo mejor para mí.

Tú eres mi Dios, quién a veces me da y a veces me quita. En ti confío siempre.

Bendito sea Dios"

Esta clase de oración tiene 5 componentes que voy a destacar:

1. Acompañar la oración de una gran honestidad. Reconocer y aceptar nuestros errores facilita el camino para que las cosas se arreglen para siempre. Ser honestos con nosotros mismos es el primer paso para mejorar nuestra vida y cambiar para siempre. Al ser honestos en nuestra oración, Dios escucha y nos coloca en el camino la sabiduría necesaria para superar nuestras propias limitaciones.

2. Evitar el sentimiento de impotencia, y mantener la fé de que sí se puede encontrar una salida, aunque haya una respuesta negativa de Dios a nuestras peticiones. Mantener el compromiso de actuar a pesar del miedo, nos ayuda a resolver nuestras situaciones difíciles. Si acompañamos nuestras oraciones con el compromiso de actuar para salir adelante, Dios colocará en nuestro camino las señas necesarias para seguir el camino correcto a la solución de nuestros retos.

3. Pedir sólo por sabiduría manteniendo la humildad. Cada prueba es una oportunidad para aprender algo nuevo que disfrutaremos toda la vida. Pedirle a Dios sólo por la sabiduría necesaria para resolver este momento y todos aquellos similares que puedan aparecer en el futuro, es más importante que tan solo encontrar una solución puntual. Dios siempre ve con buenos ojos la búsqueda de la sabiduría y la existencia de la humildad.

4. Dejar en manos de Dios el resultado de nuestra oración. A veces Dios da, a veces Dios quita. Cualquiera que sea el resultado de sus oraciones mantenga su fé en Dios intacta.

Dejo a su discreción incorporar estos elementos en sus oraciones.

Servir a los demás incondicionalmente

A través del servicio incondicional encontraremos la vía expedita para realizarnos como seres humanos. El servicio incondicional es inherente a la naturaleza de nuestro Yo Espiritual.

Este servicio necesita ser prestado sin esperar nada a cambio; absolutamente nada. Es el ayudar al necesitado, al amigo, al vecino, al enfermo, al abandonado, al familiar, sin esperar jamás una sola retribución de ningún tipo.

He conocido casos de personas que ayudaron a otros en momentos de mucha necesidad y una vez que esas personas se encuentran bien, ni siquiera dan las gracias y en ocasiones hasta tratan con desprecio a quiénes un día le tendieron la mano. Si usted va a servir a otros esperando algo a cambio, incluido que le den las gracias, usted se expone a ser herido y entonces ese servicio se convertirá en una fuente de angustia.

Nunca espere nada de nadie; tan solo entréguese totalmente a la experiencia de servir y luego olvidar. Su corazón se sentirá en paz y usted desarrollará una gran conexión con su Yo Espiritual. Lo demás déjelo en manos de Dios.

Hago una aclaración en relación al servicio. Algunas personas pueden identificar una gran debilidad en usted al momento de servir y por tanto querer aprovecharse de su nobleza. Usted puede servir a otros incondicionalmente y al mismo tiempo cuidar de sus intereses personales. La palabra mágica que le mantendrá alejado de los interesados en explotarlo es el NO.

Existen muchas formas de servir al prójimo. Vincúlese a centros comunitarios, hogares para niños de la calle, fundaciones para madres solteras, pabellones de niños quemados en los hospitales públicos, organizaciones para conseguir regalos para los niños pobres, hogares de ancianos, sitios para pacientes terminales, etc. Dedique al menos una hora a la semana a ayudar a los más necesitados.

La transformación del Yo Espiritual

Viviendo con su Yo Espiritual activo, usted podrá disfrutar de nuevas características en su comportamiento adulto. La vivencia del Yo Espiritual le mantendrá alejado de la esclavitud de las adicciones, pleno de amor y comprensión, positivo y sonriente.

Dependiendo de cada individuo, la manifestación del Yo Espiritual es mas o menos frecuente. En el caso ideal que usted pueda mantenerse en ese nivel permanentemente, su vida será diferente y la sensación que invadirá su cuerpo es la de estar en éxtasis y plenitud.

La forma más rápida y sostenida de eliminar todas sus penas y dolores del pasado es despertando su Yo Espiritual. Cuando ésta energía interior se activa, la percepción de peligro de las memorias emocionales se transforma positivamente. Los individuos experimentan una mayor confianza en sí mismos, una menor sensibilidad al dolor emocional y una capacidad incrementada de comprender a los demás.

Activando el Yo Espiritual, usted verá con mayor claridad el rango de opciones a su alcance diferentes a huir o atacar. Gran parte de una reacción primaria de huir o atacar, es la percepción de impotencia ante una situación dada. Cuando el Yo Espiritual se activa, usted verá con mas claridad las diferentes opciones a su alcance, disminuyendo la percepción de peligro y por ende alejándose de una reacción primitiva inadecuada.

Despertar el Yo Espiritual es el equivalente a acercarse al mundo de Dios; un mundo de mayor abundancia, fé y compromiso con su vida y con la vida de los demás.

La historia de Andrés

Andrés sufría de una timidez extrema. A pesar de ser un hombre con grandes cualidades de vendedor, tenía dificultades para manejar los rechazos de los clientes a sus propuestas; su vida profesional se veía limitada a oficios administrativos a pesar de que no se sentía cómodo haciéndolo. Siempre se sintió frustrado porque conocía su gran potencial en ventas, pero el miedo al rechazo era tan compulsivo que no podía avanzar en ese ramo de la actividad profesional.

Andrés había vivido sus años de niño en un internado solo para varones, donde la disciplina era particularmente estricta. Los errores o entregas tardías eran disciplinados con represiones verbales intensas. Malas notas o comportamientos considerados inadecuados, tenían castigos todavía mayores, los cuáles algunas veces eran físicos.

Había crecido con esa creencia que no quería ni recordar y con el condicionamiento emocional de que los errores eran castigados con rechazos severos. Lo que más le dolía de los años que estuvo en el internado, era el recuerdo de la falta de amor y atención de sus padres.

Siendo un adulto sentía mucho miedo al rechazo; un miedo compulsivo que le obligaba a actuar en contra de su voluntad. Ante el primer no del cliente, inmediatamente se retiraba del negocio y se alejaba de ese prospecto. Sus jefes le explicaron muchas veces sobre la importancia de insistir, pero el nunca pudo controlar esa reacción subconsciente.

Buscando en su pasado con las técnicas explicadas en este libro, Andrés encontró que el miedo al rechazo compulsivo provenía de la creencia que iba a volver a ser castigado, tal vez físicamente, cuando fallara con un cliente. Los rechazos de los clientes los asociaba con sus errores de la niñez y por tanto con los castigos asociados. Andrés continuaba viviendo en el pasado.

Andrés procedió a perdonar a sus padres por haberle dejado en ese internado, procedió a perdonar a sus maestros por todos los maltratos físicos. Eso le trajo mucha paz y tranquilidad. Sin embargo sus reacciones subconscientes continuaban ahí, impidiéndole desarrollar todo su potencial profesional.

Fue sólo cuando se decidió conscientemente a activar su Yo Espiritual que pudo conocer una faceta desconocida de su personalidad. Encontró que viviendo en esa paz, tenía una habilidad increíble para convertir las objeciones en negocios cerrados. El miedo al rechazo había desaparecido como por arte de magia y ya no era necesario mirar al pasado para perdonar a nadie. Los dolores se habían evaporado prácticamente y podía disfrutar de un nuevo Andrés.

Estas son las acciones mas importantes que Andrés llevó a cabo en su vida, que le permitieron conectarse con su Yo Espiritual y mejorar su futuro:

- Reconoció honestamente que era un fracasado profesional producto de sus limitaciones como ser humano. Aceptó sus defectos, reconoció sus miedos y detectó sus dolores de la niñez.

- Buscó ayuda para sobreponerse a sus defectos y encontrar el éxito. Para ello se enfrascó en la lectura, seminarios de crecimiento personal, unas sesiones sicológicas, un buen amigo y se reincorporó a su comunidad religiosa. Sin falta asistía a los servicios religiosos de cada semana, dedicando esa hora a Dios.

- En ese proceso perdonó a quiénes le hicieron daño en su pasado y restableció una buena relación con sus padres.

- Mantuvo un ritmo de una meditación por día de 5 minutos cada una.

- Antes de dormir se hacía preguntas fundamentales sobre su vida y su comportamiento. Escribía esas preguntas en un libro que luego se convirtió en su diario personal y el depositario de una gran sabiduría.

- Tenía una grabación con su propia voz, dándose ánimo a sí mismo. La escuchaba un par de veces a la semana antes de dormir.

- Oraba al menos cinco veces al día, una oración propia de su religión. Cada vez que oraba le tomaba de 10 a 15 segundos y lo hacía en cualquier lugar que se encontrara.

- Se inscribió en el grupo de apoyo de un hogar de niños abandonados, donde prestaba servicio 2 horas a la semana.

- Cada vez que los clientes le negaban un negocio, les prendía una vela por la noche deseándoles mucho éxito en sus actividades.

- Dejó salir su Yo Espiritual gracias a la paz que alcanzó en su vida.

Andrés se convirtió en un éxito profesional, activando su Yo Espiritual.

CAPÍTULO 10

❧ El ser Positivo ☙

Cuando este libro empezó hablamos de los recuerdos emocionales y la forma como afectaban el comportamiento adulto. A través de los diferentes capítulos fuimos explicando diferentes técnicas para ir removiendo esas memorias emocionales negativas y las sustituimos por nuevas creencias y programaciones.

Esos dolores que un día no nos dejaban vivir en paz, eran el camino para despertar a una nueva vida. En esa nueva vida todavía podemos tener días buenos y malos. Días en que nos sentimos negativos y otros en los que estamos positivos.

Esos días buenos los podemos entender, aceptar y valorar fácilmente. ¿Pero que pasa con los días malos? ¿Por qué tendríamos que vivir momentos difíciles?.

Es ahí donde la aceptación y existencia de Dios en nuestras vidas, juega un papel fundamental para poder mantener nuestro camino y nuestra paz.

Muchos de los conceptos que voy a explicar a continuación usted los ha escuchado a través de líderes religiosos o de libros de su religión. Dado que los estamos enmarcando en el contexto de la sustitución de nuestras memorias emocionales negativas por un nuevo juego de creencias, tienen un significado especial.

Les recomiendo su lectura aunque ya usted los haya escuchado anteriormente. Han sido elegidos para que usted los utilice como una herramienta en su vida diaria para encontrar paz y bienestar, olvidando su pasado.

Para los que no creen en Dios

Los niños que fueron disciplinados utilizando como excusa los castigos de Dios cuando el niño se había portado mal, desarrollan un rechazo natural por la imagen de Dios. Los que fueron abusados por miembros de algún culto religioso, desarrollan un fastidio por la religión. Aquellos que rechazan la teoría religiosa de la evolución, que han investigado y saben que las enseñanzas religiosas impartidas por años van en desacuerdo con sus conocimientos científicos, pierden credibilidad en su religión.

Para todos ustedes que caigan en estos grupos o que sencillamente no crean en Dios de ninguna forma, quiero decirles que respeto sus creencias y les invito a diferenciar entre la religión manejada por humanos y la existencia de una fuerza natural que reside en nuestro interior a quién muchos llamamos Dios.

Esta fuerza representa el mayor de los tesoros por encontrar, el verdadero cambio hacia una nueva vida. Esa fuerza puede ser encontrada sin necesidad de una religión específica, dependiendo del caso de cada persona. En los próximos párrafos hablaremos de Dios como esa energía renovadora, abundante, llena de paz. Les invito a leer los siguientes puntos, con el respeto que me merecen sus creencias en relación a Dios.

Entregando su vida en manos de Dios

Entregar nuestras vidas en manos de Dios es el verdadero cambio a vivir desde otro nivel. Además es un proceso que puede tomar tiempo y dedicación.

Es fácil decir en nuestras oraciones que entregamos nuestra vida en manos de Dios. Sin embargo le pregunto, ¿usted entregaría sus hijos en manos de Dios? ¿Podría usted rezar algo como esto?:

> *"Dios mío, gracias por haberme otorgado el honor de ser el padre de estos muchachos tan hermosos. Siento mucho miedo de perderlos algún día porque creo que no podría soportar ese dolor. Te entrego este miedo tan grande que siento y te agradezco por tan grande privilegio. Te entrego señor mis hijos, quiénes me están prestados gracias a tu voluntad. Si ha de ser que algún día ellos no estén a mi lado, así lo respetaré.*
>
> *Tú eres mi Dios que me ha dado y eres tú mi Dios el que me ha quitado. Que se haga tu voluntad...*
>
> *Bendito sea Dios."*

¿Podríamos entregar nuestras fortunas, nuestra salud, nuestra pareja, nuestro trabajo, en manos de Dios? ¿Que tal que Dios decida que vamos a perder todo aquello que da sentido a nuestra vida? ¿Que tal que nuestros planes acerca del futuro no sean los mismos de Dios? ¿Estaríamos dispuestos aún así a aceptar la voluntad de Dios? ¿Estaríamos dispuestos a comprender y humildemente bajar la cabeza antes los designios de Dios?

Estas preguntas y los posibles escenarios de sus respuestas, podrían producir mucho miedo; sobre todo a aquellos que de niños tuvieron experiencias traumáticas relacionadas con Dios.

Yo fui uno de esos niños. Por muchos años de mi vida, viví con pavor a los designios de Dios. Tenía mucho miedo de sus castigos y de su supuesto humor negro para conmigo. Por años creí que todo lo malo que pasaba en mi vida eran los castigos de Dios y por ende siempre mantuve un bloqueo a aceptar la presencia de Dios.

En cualquier caso el mayor acto de fé de nuestra vida, aquél que nos llevará a cruzar el umbral a una vida con más paz, es el de entregar nuestra vida en manos de Dios. Tanto lo bueno como lo malo. Es el aceptar que todo lo que nos pase, tiene un propósito, una enseñanza, una lección. Cada momento difícil es una gran oportunidad de crecer y superarnos; cada momento feliz es una bendición que necesitamos apreciar en su momento presente como un regalo divino.

Entregar nuestras vidas en manos de Dios y que se haga su voluntad, es quitarnos la pesada carga de sentirnos auto culpables de todas nuestras desgracias y desafortunados con nuestras vidas. Esa entrega significa que los momentos difíciles que llegan a nuestra vida, son tan sólo la oportunidad de aprender algo nuevo muy grande que nos ayudará a vivir mejor para siempre.

Entregando nuestra vida en manos de Dios podremos enfrentar sin miedo nuestros momentos difíciles y por tanto podremos superarlos más fácilmente que nunca. Nacemos con la capacidad de superar todos nuestros momentos difíciles; tan só0lo que no lo sabemos. La fé en un ser superior despierta la fortaleza, inspira nuestros actos y nos llena de confianza en nosotros mismos.

Analicemos la parte sicológica del anterior enunciado.

Al sentir que todos los retos que enfrentemos traen una lección que aprender, transformamos una angustia en una oportunidad para crecer como personas. Al sentir que Dios está guiando nuestro camino, tendremos la sabiduría de ver el presente con otros ojos.

Al entregar nuestras dificultades en manos de Dios, permitimos el flujo de la energía de Dios a nuestras vidas. Nuestros miedos se disminuyen significativamente y por ende procedemos a reaccionar con mayor equilibrio. Al disminuir el umbral del temor en nuestra mente emocional, nuestras reacciones primitivas no son utilizadas y mejoramos nuestra calidad de vida.

Para entregar nuestra vida en manos de Dios existen muchas oraciones y rituales en diferentes religiones. Si usted a través de su religión puede completar un proceso profundo para entregar su vida en manos de Dios, le recomiendo hacerlo lo antes posible. Y hágalo una vez que haya completado el proceso de limpieza interior que explicamos en este libro.

Para entregar nuestra vida en manos de Dios, necesitamos el corazón limpio y un férreo compromiso con nuestra felicidad y nuestro futuro.

A continuación comparto con usted un proceso que le ayudará a interiorizar esta decisión.

Escriba un documento con todas las cosas materiales o espirituales sin las cuáles su vida perdería sentido. Por ejemplo sus hijos, su trabajo, su pareja, su salud.

Luego escriba una sección con todo aquello que le incomoda o no le gusta de su vida. Todos sus defectos, situaciones negativas, enfermedades. Por ejemplo su malgenio, sus deudas, sus enfermedades, sus conflictos.

Y luego adicione una sección con sus miedos.

En el Apéndice III encontrará una lista con más ejemplos.

Reflexione bien y verifique que ese documento tenga un gran significado para usted. Ahora prepárese para entregar tanto lo bueno como lo malo en manos de Dios. Sabiendo que será a juicio de Dios mantener sus bendiciones o removerlas de su vida; será a juicio de Dios resolver sus angustias o mantenerlas. En cualquier caso usted aceptará los designios de Dios y aprenderá una nueva lección de vida en cada caso, sea cual fuese el resultado de sus oraciones.

En un momento especial de oración, entregue ambas listas en manos de Dios. Que sea Dios quién decida sobre sus asuntos. Usted acepte su voluntad, aprenda sus lecciones y continúe su vida.

Para conectarse con ese momento, usted puede orar de la forma que se sienta más cómodo. A continuación comparto con usted unas oraciones para que se inspire:

Entrega de los apegos y bienes materiales

"Por medio de este acto renuncio a todos las cosas que poseo y te las entrego a ti, mi Dios. Nada he conseguido yo por mis propios medios; todo lo que tengo es porque tú así lo has querido y nada podría hacer yo por retenerlos si en tu infinita sabiduría decidieses quitarlos de mi vida.

Renuncio a todas mis posesiones espirituales y materiales y me declaro totalmente libre de apegos que me impidan regresar a tu seno y a tu paz. Si es en tu divina sabiduría que yo continúe disfrutando de estas bendiciones, humildemente te agradezco señor y acato tu voluntad.

Tú sabes lo que me conviene y tú conoces mi verdad y mi camino. Quién mejor que tú para colocar en mi vida todas las bendiciones y sufrimientos que son necesarios para mi bienestar y mejoría. Dejo en tus manos todos mis bienes y acepto humildemente tus designios, sean para mi gozo o para mi sufrimiento."

Entrega de los defectos de carácter

"Tú eres el señor mi Dios que coloca en mi camino todas las experiencias que debo vivir antes de regresar a casa y me acojas entre tus brazos. He sido débil y aunque he intentado por todos los medios desaparecer todos estos defectos de carácter de mi vida he sido impotente para lograrlo.

Y es que solo tú mi Dios puedes obrar ese milagro en mí. Mi carne es débil y mi juicio nulo, por eso imploro hoy tu misericordia para aliviarme de estas cargas. Te entrego mis defectos de carácter y todas mis debilidades humanas, se tú mi Dios quién en tu profunda sabiduría determine mis sufrimientos. Aceptaré arrodillado ante tus designios, la carga que me imponen estas debilidades. Mas sé que es mi elección superarme y con tu luz podré lograrlo."

Entrega de los miedos y temores

"Dios mío, cuán cobarde he sido… El temor se ha apoderado de mí, y no he podido superarlo. Hoy reconozco que esos miedos son mi falta de fé en ti, la ausencia de tu luz y mi oscuridad como ser humano.

¿A quién podría temer si tú me proteges? ¿Quién podría hacerme daño si tu luz sana mis heridas y tu paz alivia mi sufrimiento?

Eres tú mi Dios y a ti me entrego… Tú proteges mi camino y cuidas mis pasos, me proteges del enemigo aciago y me levantas del polvo de mis temores. Pero si es a tu bien demorarte en llegar a socorrerme, así lo acepto… ¿Tú sabes que necesito en cada momento de mi existencia, cómo podría yo dudar de ti?

Tú eres mi Dios el que da en abundancia. Tú eres mi Dios el que quita con sabiduría. Tú eres mi Dios, mi roca y mi salvación, que se haga tu santa voluntad.

Bendito seas oh Señor...."

Mientras reza las oraciones, visualice un canal de luz blanca que llega del cielo y se coloca justo frente a usted. Entregue ese documento como un símbolo de un acto de fé, de un acto de entrega a Dios de su vida.

Ese mismo ejercicio puede hacerlo cada vez que se enfrente a una situación difícil. Usted entregue sus problemas en manos de Dios con la conciencia que aceptará su santa voluntad. Sus problemas están en mejor cuidado cuando están en manos de Dios.

El Ser Valiente y Esforzarse

Existe una tendencia normal a pensar que porque nuestra vida está en manos de Dios y todo lo que nos pasa es su voluntad, entonces debemos sentarnos a esperar que las cosas nos pasen. Si nuestros deseos se hacen realidad era la voluntad de Dios y si no ocurren también, así que no necesitamos hacer nada; de esa forma la creencia en Dios se vuelve una excusa para volvernos conformistas y mediocres con nuestras vidas. Esta es una creencia equivocada y por demás contraria al espíritu de entregar nuestra vida en manos de Dios.

Es nuestro compromiso y responsabilidad con nuestra propia vida, actuar de acuerdo a nuestros sueños y metas. Es nuestro derecho el perseguir la felicidad y lograr transformar nuestros esfuerzos en éxitos. Disfrutamos el privilegio de poder perseguir la excelencia en nuestra vida y aspirar a cumplir con grandes sueños y metas.

Pero si nos volvemos esclavos de estos éxitos o si en el proceso de conseguirlo los fracasos nos roban nuestra paz, entonces estamos también en el camino equivocado.

Para activar ese poder interior natural de Dios dentro de nosotros, es importante mantener una actitud equilibrada entre nuestro derecho natural a lograr nuestros sueños con base en nuestros actos y nuestra determinación; y el hecho de aceptar los resultados de esos esfuerzos y actos, como la voluntad de Dios.

Para ser valiente se necesita sentir miedo primero. El miedo es una emoción natural que se dispara cada vez que nos enfrentamos al riesgo de perder algo material o emocional. La reacción más común del miedo es la parálisis. Cuando sentimos miedo todo es más difícil, nos movemos mas despacio, se nos nubla la mente y experimentamos una parálisis destructiva que incrementa el riesgo mismo.

Ser valiente es actuar a pesar del miedo. Es enfrentar y movernos, aunque haya un miedo compulsivo que nó nos permita movernos.

Cuando una persona tiene miedo necesita ánimo y motivación para que se pueda mover. Mucha gente tiende a asustar o criticar a las personas que están en dificultades, creyendo que con eso van a lograr que se muevan. En realidad en la mayoría de los casos es exactamente lo contrario. Entre mas miedo sienta una persona, mas se paraliza.

Si usted se encuentra en una situación difícil y siente miedo, entregue ese miedo en manos de Dios. Reconozca que tiene miedo abiertamente, dígaselo a Dios en sus oraciones y reconozca que muchos de esos miedos son más poderosos que usted. Entréguele esos miedos a Dios que el sabrá mejor que usted que hacer con ellos. Libérese de esa carga y deje sus miedos en manos de Dios.

Ser valiente es actuar a pesar del miedo.

Dar lo máximo de nosotros, por encima de nuestros niveles de comodidad es lo que se llama esforzarse. El esfuerzo es superior a la fuerza normal. Dando el máximo de nosotros mismos en la consecución de nuestros sueños y metas, despertamos un aliado muy grande que se llama Dios. La buena fortuna está directamente relacionada con el entusiasmo, el esfuerzo y la pasión. Los milagros, que son obra de Dios, están directamente relacionados con las recompensas que recibimos de Dios, producto de nuestros esfuerzos.

Van a haber momentos en que usted se va a esforzar como nadie buscando hacer sus sueños realidad y posiblemente las cosas no van a salir como usted quería. Deje esos resultados en manos de Dios, quién en su infinita sabiduría ha cerrado esas puertas mientras usted logra desarrollar alguna habilidad nueva.

Ser Valientes y Esforzarnos, es nuestro compromiso con Dios. Es la forma como vamos a vivir nuestra vida. Los resultados de esos esfuerzos, los dejamos en manos de Dios.

Tenemos derecho a trabajar, a triunfar, a prosperar, a la abundancia, a los bienes materiales, al buen vivir. Y la consecución de todos esos bienes materiales podría alejarnos del camino de Dios. Con tanta información negativa acerca de la acumulación de riqueza, podríamos sentir que esos bienes materiales son malos.

Ser próspero es bien visto ante los ojos de Dios. Pero convertir esa prosperidad en nuestro Dios, es un error. Cuando nos volvemos adictos y dependientes de nuestras posesiones materiales nos alejamos de Dios. Cuando caemos en la trampa del egocentrismo y creemos fielmente que sin ayuda de Dios podemos lograr cualquier cosa, nos alejamos de sus bendiciones. Por eso la riqueza puede transformar el corazón del hombre y volverlo esclavo de sus bienes y de su poder. En ese momento la persona pierde su paz y puede ser víctima de su adicción.

Cuando la prosperidad proviene de Dios y usted acepta su fluir, sea abundante o sea escaso, usted tiene una mejor posición espiritual para disfrutar su vida. La libertad de vivir la abundancia de Dios en nuestras vidas, mantiene el corazón cálido y el alma limpia.

A continuación comparto con ustedes una oración para aquellos que están en la búsqueda de sus sueños materiales; pueden rezarla cada día al salir a su jornada de trabajo:

"Tú eres el Señor mi Dios y Dios de mis padres... eres mi paz y mi reposo.

A ti entrego hoy mi prosperidad y mis negocios, que sea tu infinita sabiduría quién determine mis ingresos y mi fortuna.

Eres tú Señor la luz de mi vida, tú traes la lluvia temprana y la tardía... en ti descansará mi camino.

Y aunque andare por momentos de escasez, cuando falte el trigo en mi mesa, cuando me acechen los lobos y el vecino hable de mí, cuando parezca que el sol no brilla más y mi alma triste borre la sonrisa de mi rostro, me entregaré a ti mi Dios, a tu paz y a tu luz...

Humildemente acepto tus designios y cuando el día termine y a mi cama vuelva, sabré que cada moneda que mi bolsa contenga, fue porque así lo quisiste. Eres tú quién sabe cuánto valgo y merezco....

Me comprometo a ser valiente y esforzarme... A cumplir tus mandamientos y dar lo mejor de mí cada día... Seré una persona correcta y digna, y cuidaré mi alma y la mantendré pura... y te miraré a los ojos y te pediré perdón cuando me equivoque y te agradeceré cuando me bendigas.

Ilumina mi camino con bondad, misericordia, perdón, benevolencia, generosidad y abundancia. Alivia mi corazón del sufrimiento, enséñame la tierra de la prosperidad, protégeme del malvado y el envidioso, protégeme de mi corazón herido y de mi ira y sed de venganza... Limpia mi alma de los malos sentimientos y deja la luz brillar dentro de mí.

*A ti Señor dedico este día y cada día de mi existencia...
Enséñame el camino a la tierra que juraste a mis padres y
a los padres de mis padres... Me comprometo a ser valiente
y esforzarme... "*

La teoría de la felicidad

El corazón emocional es un recipiente donde se guarda el amor que sentimos en general. Cuando ese recipiente esta lleno totalmente, nos sentimos en paz y agradecidos con todo. Somos tolerantes a los eventos fuera de nuestro control, reaccionamos con compresión, somos generosos y sonreímos a la vida.

Con el corazón lleno podemos reaccionar correctamente a los eventos de nuestra vida, manteniendo nuestro equilibro y cordura.

Cuando el corazón esta vacío de amor, nos vemos presos del sufrimiento, de las angustias, del miedo. El futuro luce oscuro, reaccionamos con agresividad fácilmente, nos volvemos críticos e hirientes, nuestro egoísmo se dispara y nos enfocamos exclusivamente en nuestra sobrevivencia. En estos momentos dañamos y herimos con facilidad a todos los que nos rodean, porque no podemos medir las consecuencias de nuestros actos. Comprender esta realidad no justifica nuestros errores; es una motivación a encontrar nuestra paz y reparar el daño que les hemos causado a otras personas.

Este corazón emocional es alimentado de amor a través de tres grandes fuentes: El amor que nos damos a nosotros mismos, el amor que recibimos de los demás y el amor que recibimos de Dios.

A su vez, ese nivel de amor en nuestro corazón emocional se disminuye con los dolores emocionales. Entre mayores son nuestros dolores internos, ya sean presentes o pasados, mas rápido se evacua el amor de nuestro corazón. Cuando usted experimenta intensos dolores, es posible que todo el amor que reciba de las tres fuentes, no sea suficiente para mantener su corazón emocional satisfecho. Es por eso que personas en crisis emocionales ni siquiera logran valorar el apoyo y el amor que le ofrecen sus seres queridos.

Cuando el corazón se encuentra vacío de amor, sentimos la necesidad de llenarlo a toda costa. Es muy difícil vivir con ese vacío todos los días de nuestra vida. Cuando las tres fuentes de amor son insuficientes y el dolor es profundo, ese vacío se hace intolerable. Es entonces cuando acudimos a mecanismos que producen un amor temporal; que sirve por un rato al menos para calmar esa ansiedad. Cuando esos mecanismos temporales se vuelven un hábito, se convierten en los vicios que nos esclavizan y roban nuestra paz. Voy a aclarar este punto en más detalle.

Cuando experimentamos ese vacío en el corazón, lo acallamos por un rato, por ejemplo con algo de licor. Y viene un proceso temporal de alivio que en ese momento nos produce una sensación agradable. Luego encontramos que esa es la manera más fácil de parar esa angustia de nuestro corazón y la comenzamos a usar cada vez más y más; hasta que se vuelve un vicio que no podemos controlar porque nuestro cuerpo físico lo necesita para vivir.

El mismo proceso ocurre con el sexo, las drogas, el cigarrillo, las compras, el juego de azar, el amor de otros, las emociones como la ira y el odio, el Internet y todos los otros vicios. Nos producen un alivio temporal que de convertirse en hábito, destruye nuestra paz, nuestra felicidad y nuestro futuro.

Una vez que nos encontramos esclavos de esos vicios, el proceso de liberarse de ellos es duro y difícil. Recientemente están empezando a tratar algunas adicciones con medicinas, aunque el método tradicional y mas conocido es el de los doce pasos creado por Alcohólicos Anónimos y que ha sido utilizado por otros grupos para manejo de adicciones.

En estos grupos inspirados por los doce pasos, la materia prima de la liberación de esos vicios es a través del amor a Dios. Cientos de miles de personas se han curado de sus adicciones y han dejado atrás momentos de verdadera oscuridad, entregando fielmente sus vidas en manos de un ser superior, que muchos de ellos llaman Dios.

Bajo un estado normal, una persona que se ame a sí misma y mantenga hábitos positivos en su relación consigo mismo, que sea amada y se sienta amada por los demás y que mantenga una intima relación espiritual con Dios, tendrá su corazón emocional lleno de amor.

Si adicionalmente esta persona logra aprender a manejar el dolor y disminuir sus efectos, entonces podrá mantenerse más tiempo lleno de amor y por ende en paz.

En este libro hemos explicado las técnicas para aumentar el flujo de las tres fuentes de amor y disminuir la pérdida de amor por causa del dolor.

A través de las meditaciones y la conexión con su niño interior, usted incrementará significativamente su relación consigo mismo, su capacidad de comprenderse y aceptarse, y su amor propio.

A través del perdón, la comprensión y el amor, usted mejorará significativamente su relación con los demás y con sus seres queridos.

A través de su Yo Espiritual y de entregar sinceramente su vida en manos de Dios, usted logrará establecer una relación espiritual mas cercana a ese ser superior en el que usted cree.

A través de honestidad pura y reprogramando sus memorias emocionales, usted podrá disminuir significativamente su umbral del dolor; de ésta forma podrá mantener su nivel de amor propio en niveles altos y disfrutar su vida al máximo.

Carta para padres

Los padres amamos a nuestros hijos de una forma indescriptible. Todos sentimos en nuestro interior ese amor tan grande e infinito por nuestros hijos. Sin embargo no somos perfectos, ni nuestros hijos nacieron con un manual de como hacerlos felices.

Como padres podemos causar mucho daño a nuestros hijos, aún con la mejor de las intenciones. Previamente en el libro expliqué que a las personas que mas daño podemos hacer son a las que mas nos aman. Y nuestros hijos nacen amándonos y para ellos somos su mayor soporte, su vida entera. Cuando nuestros hijos son niños pequeños, menores de doce años, su amor es absolutamente ingenuo, libre. Ellos nos aman y nos necesitan como nunca.

Lo que más esperan nuestros hijos de nosotros es amor. Amor físico en forma de besos, caricias, abrazos. Amor verbal en forma de elogios, reconocimientos y palabras amorosas. Amor invisible, en forma de acciones, actitudes y presencias, que indican ese amor.

Desafortunadamente cuando nuestros corazones emocionales están vacíos, no estamos en capacidad de cumplir con las expectativas de esos niños y producto de nuestras angustias y dolores, les dañamos. Les dañamos cuando les gritamos, les insultamos, les golpeamos, les criticamos, les exhibimos, les atacamos, les castigamos; cuando pagamos nuestras rabias y angustias con ellos; cuando les exigimos lo imposible, no les escuchamos, no les comprendemos.

Los niños son seres en formación y muchos padres olvidamos esa realidad. A veces les exigimos como si fueran adultos y no lo son; a veces creemos que sus actos son producidos por el mismo tipo de pensamiento nuestro y no lo es; en ocasiones pensamos que están llenos de la misma angustia, odio y dolor que nosotros, y no es el caso. Los niños son seres indefensos, expuestos a ser dañados por quiénes ellos mas aman que son sus padres.

Si dañamos a los niños con nuestra irracionalidad y falsas creencias, tendremos un día que ayudarlos cuando sean adultos a salir de sus crisis emocionales, adicciones y problemas.

Lo más grande, lo más bello, lo más sublime que les podemos regalar a nuestros hijos, es un recuerdo feliz de su infancia. Otórguele a su hijo el regalo mas grande, que es recordar su época de la niñez con felicidad. Ese recuerdo feliz permitirá que su hijo crezca sano, positivo, saludable, optimista, llenos de amor por sí mismo.

Si usted educa a su hijo con base en el miedo, el dolor, el castigo, la manipulación, la crítica, el abandono, entonces crecerá con un vacío en su interior; cuando crezca llenará ese vacío con adicciones y vicios de diferente índole. Para prevenir que tenga que corregir el curso de su hijo adulto, déle amor incondicional cuando sea un niño.

La mayoría de las personas con adicciones, crisis emocionales y problemas de felicidad y adaptación, vivieron su infancia en medio de muchos dolores y castigos. Muchos de ellos vivieron su infancia sin amor, sin aceptación, sin elogios.

Amen a sus hijos con todas las formas posibles de expresión. Si no pueden amar y están siendo objeto de sus propias angustias, busque ayuda pero no dañe a su hijo más. Sus hijos no eligieron venir al mundo, nosotros los trajimos. Ahora que están aquí, es hora de darles amor todo el que podamos.

Está claro que como padres somos falibles y que seguramente vamos a cometer errores en la crianza de nuestros hijos. Lo que cuenta es el balance que tengamos en una cuenta emocional con ellos. Voy a ahondar en este punto.

Tenemos una cuenta emocional con cada hijo, parecida a la de un banco; en esa cuenta no depositamos dinero sino amor.

La cuenta emocional con nuestros hijos sube con los besos, las caricias, el "te quiero hijo", el amor; sube cuando estamos presentes en sus momentos importantes; sube cuando somos sensibles a sus necesidades, sueños y expectativas; sube cuando nos esforzamos por ser mejores padres y ellos lo pueden ver claramente.

Esa cuenta emocional baja cuando somos injustos, insensibles, incomprensivos; baja con el golpe, la crítica, el regaño, la burla, la manipulación, el abuso, la rabia, el abandono, el desprecio, la intolerancia, la amargura, la ironía, el miedo, la amenaza, la grosería, el desprecio, el insulto.

Tarde o temprano vamos a retirar de esa cuenta emocional, finalmente no somos seres perfectos.

Lo importante es ahorrar en esa cuenta lo más que podamos. Depositemos todo el amor que podamos en esa cuenta de tal forma que el día que vengan los retiros, nuestros hijos no sufran tanto y puedan continuar disfrutando del saldo positivo.

Cuando esa cuenta está en saldo positivo, los niños crecen confiados, seguros, optimistas, saludables, libres de vicio. Los recuerdos de su infancia son alegres y por ende su forma de ver la vida. Y aunque lleguen momentos difíciles para ellos, los afrontan con madurez y optimismo.

Cuando esa cuenta está en saldo negativo, los niños crecen con su autoestima baja, temerosos, inseguros, defensivos, prevenidos. En mayor proporción estos niños tienden a olvidar los recuerdos de su infancia porque son dolorosos y su mente subconsciente los bloquea para evitar el dolor que causan. Sin embargo ese dolor permanece allí hasta que ellos conscientemente vayan y lo alivien.

En algunos casos esos recuerdos dolorosos de la niñez son aliviados con vicios y adicciones, destruyendo la vida adulta de sus hijos. Y nadie quiere ese infierno para ellos.

Para los que tienen hijos adolescentes es importante comprender que ellos acaban de entrar en una fase de sus vidas donde están pasando de niños a adultos. Ese proceso les va a tomar hasta que tengan 25 años. Es por eso que en muchos países los seguros de vehículos son mas baratos para las personas mayores de 25 años, porque ya tienen su juicio bien formado.

Aunque su hijo adolescente parezca una persona hecha y derecha, no lo es. Su cerebro todavía está en formación y por tanto va a reaccionar diferente a como lo hace un adulto.

En la adolescencia los jóvenes necesitan aprender a ser adultos y el mayor obstáculo para lograr ese propósito son sus padres. Por eso los adolescentes luchan contra quiénes les impiden volverse un adulto. La rebeldía de los adolescentes es importante para su desarrollo emocional. Sin embargo para los padres es duro.

Cuando los adolescentes crecen usted necesita ir cambiando su rol de control absoluto, por uno de ser mas el consejero, el guía, la voz que informa, el apoyo incondicional. En cierto momento va a ser necesario que usted les deje cometer errores, aunque usted sepa por anticipado que lo están cometiendo. Ellos necesitan aprender muchas cosas de la vida por sí mismos. Esté ahí para el día que le necesiten, siempre dispuesto a apoyarlos aunque no hayan seguido sus consejos.

Usted no puede controlar totalmente la vida de sus hijos, al menos no sin hacerles un daño muy grande. Su rol debe cambiar al educarlos para que puedan tomar decisiones por sí mismos. El día que su hijo se enfrente a una situación difícil, mayormente usted no va a estar ahí; ellos necesitan aprender a decidir por sí mismos y a madurar sin que usted esté presente.

Para dar consejos a los hijos, es necesario recordar que los hijos hacen lo que los padres hacen. Aunque usted les hable mucho, si su comportamiento no es concordante con sus palabras ellos no le escucharán. Afortunadamente en unos casos y desafortunadamente en otros, nuestros hijos copian la mayoría de nuestras acciones. Sobre todo lo que ellos vieron en nosotros cuando ellos eran unos niños.

Si usted se equivocó y acepta que cometió errores en la educación de sus hijos y quiere corregirlos, quiero decirle que siempre se puede. Los hijos mantienen una conexión emocional con sus padres que nunca desaparece, ni siquiera con la muerte de sus padres. Si usted siente que es hora de reparar los errores del pasado, entonces comience a pedir perdón como he enseñado en este libro. Y luego déle a sus hijos todo el amor del mundo, no importa que edad tengan.

El regalo más grande que les podemos dar a nuestros hijos, es el recuerdo de una infancia feliz.

La historia de Tato

Le decían Tato cuando era un niño. Una tarde Tato contaba a sus amigos que cuando niño había sido muy inquieto y sus padres no sabían como controlar su hiperactividad. Utilizaron muchos métodos distintos pero pocas cosas funcionaban correctamente.

Sin embargo encontraban que amenazándole con que Dios le iba a castigar si se portaba mal, encontraron una respuesta positiva. El miedo que le daba a Tato que Dios le fuera a castigar era tan grande que inmediatamente se paralizaba y se quedaba quieto.

Con el paso de los años, las amenazas con Dios se volvieron una herramienta importante para mantener a Tato bajo control. En muchas ocasiones cuando el se caía o se golpeaba producto de su hiperactividad, le decían que era castigo de Dios por haberse portado mal.

En el mundo infantil de Tato, el no se estaba portando mal, tan sólo estaba haciendo lo que sentía en su mundo infantil. Sus padres no sabían que el sufría de un desorden mental congénito conocido como Trastorno de Atención y Desorden de Hiperactividad. Su cerebro estaba condicionado por este desorden para estar siempre en movimiento.

Como era un niño muy inquieto se vio expuesto a muchos castigos en su infancia, donde sus familiares utilizaron el sistema de asustarlo con los castigos de Dios. Con el paso de su niñez Tato fue atribuyendo a Dios la mayoría de sus castigos y desarrolló un gran miedo a Dios.

Adicionalmente durante todo el año sus padres y profesores le prometían que si se portaba bien, el niño Dios le traería muchos regalos en la navidad. Así que hacía muchos esfuerzos para ser buen alumno y portarse bien durante todo el año. Cuando llegaban las navidades escribía cartas al niño Dios pidiendo todo aquello con lo que soñaba, finalmente había trabajado muy duro para conseguir los prometidos regalos. Lo que Tato no tenía posibilidad de entender era que sus padres no tenían un ingreso lo suficientemente alto para los juguetes tan caros que estaba pidiendo. Finalmente el no sabía que el niño Dios no era quién compraba los regalos.

A pesar de recibir unos regalos del niño Dios muy buenos, no era lo que el había pedido en la mayoría de los casos. En esos momentos que abría los regalos del niño Dios sentía una gran frustración; un profundo sentimiento de injusticia le invadía. Recordaba cuánto había trabajado para ese momento y Dios no valoraba todos sus esfuerzos; por el contrario le había castigado todo el año sin compasión y cuando llegaba la hora de compensarle le decepcionaba.

Tato creció creyendo en Dios, un Dios bueno con los demás pero injusto y cruel con él. Aunque estaba equivocado, su mente infantil y las circunstancias de su niñez le llevaron a creer en esa realidad fielmente. Tato sentía mucho miedo de Dios y se sentía mas tranquilo cuando Dios no andaba por ahí, cerca de su vida. Su miedo era que llegara Dios a arrebatarle sus juguetes y castigarlo sin razón alguna.

Tato estaba equivocado; sin embargo en su mundo infantil, esa era su realidad absoluta, la que nunca habría dudado. Con la mente de un adulto podríamos entender esta realidad fácilmente, pero para Tato sus conclusiones era lo que normalmente un niño hubiera sentido.

Cuando Tato creció se vio enfrentado a todo tipo de situaciones negativas fuera de su control. Siempre le ocurría algo muy negativo que aparecía en el momento más inesperado y le arrebataba lo que mas quería. En esos momentos su mente subconsciente recordaba los eventos de su infancia que permanecían grabados en su memoria emocional. En esos momentos difíciles, el automáticamente asociaba sus desgracias con los castigos de Dios.

El miedo a Dios era tan grande, que el se paralizaba y dejaba de luchar. Tal como lo hacía cuando era un niño y le controlaban con el miedo a Dios. ¿Si era Dios quién le estaba castigando, quien sabe por cuál razón, que podría el hacer? Y por tanto dejaba de luchar, la parálisis se apoderaba de él y quedaba expuesto a situaciones todavía mas difíciles producto de su inacción.

A pesar de haber dedicado mucho tiempo al perdón y a utilizar muchas herramientas para alcanzar el éxito, la buena fortuna nunca le sonrió. De fracaso en fracaso y de adversidad en adversidad, fue llegando hasta el momento más oscuro de su vida.

Un día, le pidió a Dios que en nombre de todo su sufrimiento y de todos los días que había vivido esos dolores tan tormentosos y destructivos, tuviera clemencia de él. En un momento de luz, le pidió que le enseñara como salir de ese sitio tan oscuro y que haría todo lo posible por ayudar a otras personas que se encontraran en su misma situación.

Una tarde manejando su vehículo se encontraba embebido en sus pensamientos, cuando pudo sentir una luz muy grande y una gran claridad e iluminación mental. Recordaba ese momento como de mucha inspiración y pudo escuchar las palabras de Dios en su corazón.

Según su testimonio, esa conversación con Dios pudo ser de segundos pero para el fue eterna. Una gran comprensión sobre su pasado comenzó a fluir, al mismo tiempo recuerdos de su niñez. Y ese día comenzó a comprender que todos sus sufrimientos y creencias en relación a Dios, eran producto de su mente de niño. Que había estado equivocado toda su vida.

Y todo cambió en ese momento.

Llorando comenzó a pedir perdón a Dios, detuvo el carro y recostado sobre el volante rezó una oración parecida a esta:

> *"Señor, he vivido tantos años lejos de ti porque así fue tu voluntad. He sufrido mucho y te he culpado de mis desgracias. Pero nunca había valorado todo el amor que sientes por mí. Tu ausencia en mi vida ha sido mi oscuridad.*
>
> *Hoy he perdido el miedo hacia ti y te agradezco Señor cada segundo de mi vida. Si todos esos sufrimientos eran para que yo pudiera conocerte, amarte y vivir de acuerdo a tu voluntad, gracias Señor por estos sufrimientos, hoy he podido convertir momentos negativos en conocimiento positivo, que me permitirá ser feliz.*
>
> *En tus manos entrego mi vida; hágase tu voluntad en mí... A ti entrego mis defectos, mis angustias, mi falta de fé, mis miedos, mi incapacidad, mi inseguridad, mi cuerpo; a ti entrego mis ataduras, esclavitudes y apegos; también a mis hijos, mis familiares, mis amigos, mi inteligencia, mi conocimiento, mi corazón, mi alma; eres tú quién sabe mejor que yo que hacer con mi vida, como podría yo cuestionar tu voluntad?.*
>
> *Humildemente te pido la sabiduría para vivir mi vida y darle sentido a mi existencia; hónrame con tu presencia en mi vida, enséñame la tierra que prometiste a mis padres; enséñame el camino a encontrar la gloria de Dios.*

Te prometo ser valiente y esforzarme. Te prometo dar lo mejor de mí. Te prometo servir la humanidad y aportar a la vida de otros, para que encuentren su paz y su luz. Acataré tu voluntad y encontraré en cada momento de mi vida, sea bueno o malo, la enseñanza que me mandas para mi crecimiento y evolución.

Tú eres mi Dios quién me ha dado y tú eres mi Dios quién me ha quitado.

Bendito seas Señor".

Contaba Tato que luego pudo sentir la respuesta de Dios, pero como si fuera un rayo de luz que se comunicó a través de la intuición. Con el respeto que merece Dios, esta podría ser la descripción más cercana al mensaje que escuchó de parte de Dios en ese segundo de luz:

"Tú eres mi hijo y te he escuchado... Tú eres quién he contemplado y por quién he velado en cada paso...

Recibo en mis manos tu vida, como un padre orgulloso recibe a su hijo amado...

Eres libre de actuar siguiendo el impulso de tu corazón, eres libre de vivir la vida, de ser feliz y de sufrir, de triunfar y fracasar, de reír y de llorar... Así lo quisiste antes de nacer y así lo sabrás cuando llegué tu atardecer.

De cada sufrimiento una lección aprenderás, en cada éxito una nueva meta encontrarás.

Cuando lleguen los momentos difíciles a tu vida, es cuando mas cerca de ti estaré. Si quieres encontrar mi luz, búscame en la oscuridad; si quieres encontrar mi sabiduría, búscame en la ignorancia; si quieres disfrutar mi abundancia, búscame en la pobreza.

Acepta con resignación mis designios, enjuaga en mi amor tu sufrimiento, ilumina tú camino con mi bondad, juzga a tus semejantes con mi misericordia y ama a tus hermanos sin distingo ni mezquindad.

Entrégame tus defectos que yo sabré cuando aliviarlos y en su momento, cuando hayan cumplido con su propósito, te serán despojados.

Sé humilde y acepta mi divina voluntad… y si así cumplieses con lo que ahora te digo… te daré la lluvia en tu campo, la temprana y la tardía… y tus hijos y tu descendencia llegarán a mi morada y descansarán en mi paz.

Siempre te amaré… en la noche y en el día, en la soledad y en la compañía, en el ruido y en el silencio, en la tormenta y en la calma.

Vivir tu vida es el camino que te conduce a la tierra que prometí a tus padres y que hoy te prometo a ti. Vívela apasionadamente, cada segundo de ella…

Vive… Vive hijo mío…"

La vida de Tato cambió después de ese momento. Tato aprendió que en el dolor y el sufrimiento se encuentra el camino para la transformación a una vida llena de sabiduría; una vida donde los fracasos y los momentos difíciles se pueden utilizar para encontrar un nuevo Yo… un Yo lleno de una nueva energía, de una nueva luz.

Y cumpliendo su promesa a Dios de enseñar al mundo lo que había aprendido para salir de su crisis emocional, de su fracaso y su derrota, escribió un libro para que el mundo también recibiera ese mensaje.

El verdadero nombre de Tato era Gustavo Adolfo; y a su libro le llamó YO POSITIVO.

☧☧☧☧

APENDICE I

En relación al seminario vivencial Yo Positivo

Los principios que se enseñan en el seminario Yo Positivo, son los mismos que se han enumerado en este libro.

Las dinámicas recomendadas a través de este libro, requieren disciplina y esfuerzo. En muchas oportunidades esa disciplina no se encuentra disponible por nuestros propios medios y necesitamos ayuda.

El Seminario Yo Positivo utiliza dinámicas de grupo, meditaciones, compartir sobre las experiencias y charlas relacionadas a los diferentes tópicos del libro.

Las dinámicas de grupo son una forma entretenida y sabia de incorporar el aprendizaje en nuestras vidas. A cada seminario asisten diferentes personas y hemos encontrado muchos testimonios de participantes que afirman haber encontrado una respuesta muy importante para su vida, que fue expresada por la vivencia de otro de sus compañeros del seminario.

Los seminarios de crecimiento personal como Yo Positivo, proveen una experiencia sanadora gracias a las vivencias del grupo de participantes y la estrecha relación que se construye en tan solo un fin de semana.

El seminario es una aventura donde el participante experimenta un amplio rango de emociones, que le permiten sanar sus miedos y reconstruir su imagen propia.

Los tópicos del seminario ya han sido enunciados en este libro. Sin embargo el seminario Yo Positivo está más enfocado en la manifestación emocional de estas enseñanzas al interior de cada participante. El libro contiene información mas detallada sobre cada uno de estos principios y el seminario se enfoca en incorporar estos aprendizajes al mundo subconsciente de cada individuo.

Entre los temas que se manejan en el seminario se encuentran:

o   Encontrar la raíz de nuestros problemas.

o   Activar la comunicación con nuestro niño interior.

o   Manejar la adversidad y convertirla en una bendición.

o   Manejar los miedos adecuadamente.

o   Liberar los odios y rencores del pasado.

o   Utilizar la meditación para aprovechar el poder de nuestra mente.

o   Emplear meditaciones para mejorar la salud.

o   Eliminar los apegos que nos impiden vivir libremente.

o   Despertar nuestro Yo Espiritual.

Todos estos temas son tratados a través de ejercicios especiales cuyo objetivo es la integración intelectual y emocional de nuevas herramientas para disfrutar nuestra vida a plenitud.

El Seminario Yo Positivo es todo lo contrario a un conjunto de charlas y exposiciones, donde se lee la teoría de lo que debería ser el mundo. En este seminario cada participante desarrolla las conclusiones y aprendizajes propios para sus vidas.

En el seminario no hay juicios ni señalamientos. Es un fin de semana para ser libre, auténtico y disfrutar de un oasis de amor, comprensión y sabiduría.

Les recomiendo a los participantes del seminario leer este libro para ampliar los principios de las enseñanzas vividas en el seminario.
Le recomiendo a las personas que han leído el libro, que vivan el seminario para que disfruten de la incorporación de estos principios en su mundo emocional, en su mundo subconsciente.

El mejor regalo que usted puede hacerse a sí mismo, es invertir un fin de semana en su paz interior, su autoestima y su espiritualidad.

Para mayor información sobre la programación de los seminarios, fechas y ciudades, visiten

www.yopositivo.org

APENDICE II

Lista # 1: Defectos de carácter más comunes

Grosero	Burlón	Malhumorado
Maleducado	Falso	Desagradecido
Amargado	Interesado	Violento
Cínico	Irresponsable	Prepotente
Negativo	Crítico	Irracional
Orgulloso	Intolerante	Egoísta
Egocéntrico	Avaro	Envidioso
Lujurioso	Celoso	Deshonesto
Perezoso	Desanimado	Inconstante

Lista # 2: Las personas a quién he hecho daño con mis defectos de carácter:

Mi mamá	Mi ex-compañero de trabajo Adolfo	Mi vecina Irene
Mi hijo Carlos		Mi tía Sara
Mi hija Mariana	Mi ex-compañera de trabajo Andrea	Mi suegra Anabel
Mi esposa Clara		Mi sobrina Claribel
Mi amigo Andrés	Mi ex-jefe Samuel	Mi amiga Martha

Lista # 3: Los miedos mas comunes:

Miedo a la traición
Miedo a la soledad
Miedo a fracasar
Miedo a la crítica
Miedo a quedarme sin dinero
Miedo a estar equivocado
Miedo a perder
Miedo a perder mi libertad
Miedo a perder mi pareja
Miedo al rechazo de mis hijos
Miedo a mis emociones
Miedo a que se burlen de mí
Miedo a hablar en público
Miedo a la infidelidad
Miedo a mis instintos sexuales

Lista # 4: Lo que mas me duele es:

La injusticia
Que no me quieran ++
Ser rechazado +++++
Ser castigado +
Hacer sufrir a quiénes quiero +

APENDICE III

Las cosas sin las cuáles no podría vivir:

Mis hijos	Mi mente	Mi cuerpo
Mi casa	Mi pareja	Mi hobby
Mi salud	Mi empresa	Mis amigos
Mis ojos	Mi trabajo	Mi reputación
Mis padres	Mi libertad	Mi inteligencia

Todo aquello que no quiero más en mi vida:

Mi depresión
Mis angustias
Mis problemas económicos
Mi enfermedad
Mis vicios
Mi egoísmo
Mi insensibilidad
Mi indisciplina
Mis asuntos legales
Mi irresponsabilidad
Mi malgenio
Mi falta de amor
Mi soledad
Mi conformismo
Mi mala fortuna

Ante los ojos del mundo y avergonzado de mis actos inconscientes e inmaduros, aprovecho para pedir perdón a mi exesposa Claudia por mis errores los cuales no tienen atenuante alguno.

A mis hijos Gustavo y Luis, por haberles fallado y por culpa de mi irresponsabilidad haberles hecho sufrir innecesariamente.

Se lo mucho que han sufrido por mi causa y no tengo forma de expresar mi arrepentemiento.

Espero que Dios me perdone y ustedes también lo hagan.

También pido perdón a mi Mamá, a mi Tía Magaly y a mi Tía Mimi, por haber sido un hijo tan alejado y poco sensible.

Pido perdón a mi Padre (qepd) y a mi Tío Oscar (qepd) por haber sido un hijo desinteresado y poco cariñoso.

Pido perdón a mis tres hermanos, por no haber sido un hermano distante e indiferente.

Le pido perdón a mi amigo Alfredo Santos que tanto quiero, por ser un cobarde y por culpa de mi miedo no haber sido un buen amigo como el se merece.

He sido valiente y me he esforzado en corregir mis defectos de carácter. Solo espero que Dios me bendiga con la sabiduría necesaria para convertirme en el ser humano que las personas que están a mi alrededor se merecen.

LECTURAS RECOMENDADAS

La Inteligencia Emocional/ Emotional Intelligence: Why It Can Matter More Than IQ (Spanish Edition) by Daniel Goleman.

El Poder De La Mente Subconsciente (The Power of the Subconscious Mind) (Spanish Edition) by Joseph Murphy.

Piense y hágase rico (Spanish Edition) by Napoleon Hill

Alcohólicos Anónimos by Inc. A.A. World Services

Sex and Love Addicts Anonymous: The Basic Text for The Augustine Fellowship by The Augustine Fellowship

Healing The Child Within: Discovery and Recovery for Adult Children of Dysfunctional Families

La Paz Del Perdón by Dr. Charles F. Stanley

Living the Truth: Transform Your Life Through the Power of Insight and Honesty by Keith R. Ablow

∾ ACERCA DEL AUTOR ∿

Ingeniero de Sistemas de la Universidad del Norte de Colombia, país de dónde es originario, ha tenido una distinguida carrera en el aréa de Infórmatica en Colombia, Estados Unidos y Canadá. Reconocido en la actualidad como un experto en el tema de auto-ayuda y crecimiento personal. Constantemente es invitado a numerosos programas de radio y televisión.

Ha hecho parte de diversos grupos de crecimiento personal, organizaciones de auto-ayuda y organizaciones para recuperación de adicciones. Desde el año 1,994 ha impartido seminarios y talleres vivenciales en diferentes países de América Latina, Estados Unidos y Canadá. Apasionadamente ha difundido el mensaje contenido en Yo Positivo, a través de seminarios y conferencias.